JN044981

マドンナメイト文庫

素人告白スペシャル 感動！秋の熟女体験

素人投稿編集部

E N T S

〈第一章〉秋の夜長に交わりあう禁忌な男女

〈第二章〉月明りの下で濡れる熟女の美裸身

CONT

〈第三章〉実りの季節に叶った牡と牝の情欲

〈第四章〉冬を待ちわびて火照る成熟の肉体

※本書に掲載した投稿には、読みやすさを優先して、編集部でリライトしている部分もあります。なお、投稿者・登場人物はすべて仮名です。

〈第一章〉

秋の夜長に交わりあう禁忌な男女

姑の苛めに耐えかねて家出した熟主婦
紅葉の下で出会った紳士と一夜の過ち

加山優実　主婦　四十三歳

東京のはずれにある夫の実家で義母と同居をしている四十三歳の主婦です。林業に従事していた義父が十年前に事故で亡くなり、夫の強い希望で、結婚と同時に同居するようになってから八年がたちます。

独身のころは都市部で美容師をしていた私にとって、山すそにある田舎町での新しい暮らしは息の詰まるものがありました。娯楽と呼べるものがほとんどないこともそうですが、同居を始めた当初から義母との折り合いが悪く、だからこそ、息抜きのしようのないつらさが、少しずつ骨身にしみていったのです。

そもそもこの同居は、急に一人暮らしをすることになった義母をおもんぱかってのものでした。でも、そのころ六十代だった彼女はまだまだ元気で、なぜか私にきつく当たってきました。

「そんないやらしい髪の毛して、何を色気づいてるんだよ。うちの家系にゃ、代々そんな色の髪をした女は一人もいなかったけどねぇ」

ひかえめに染めていた茶色っぽい髪の毛や化粧の仕方、服装など、嫁として家に入ると、まず見た目のことを散々にあげつらわれました。

いやらしいって、どういうことなの？

内心では憤《いきどお》りを感じながらも、髪を黒く染め直したり、化粧や服装も地味にしていくしかありませんでした。それだけではありません。

「こんなに甘い味つけにして、いやらしい」

「たいして動いてもないのに疲れた顔して、いやらしい」

それが口癖なのかどうか、義母はとかく「いやらしい」という言い方で私を罵《ののし》ってくるのです。移動販売の八百屋さんと話していれば「色目を使っていやらしい」、少し涼しげな格好をすれば「中年女が肌を出していやらしい」、帰宅した夫に喜んで駆け寄っていけば、私にだけ聞こえる小声で「大年増《おおどしま》が幼な妻ぶって……」。

ほかにもいろいろ言われたのですが、察するに、義母が憎んでいるのは私という「女」そのものだったんだと思います。

そう確信したのはある夜、夫婦の寝室の前の廊下が不自然にギッ、ギィッときしみ、かすかな衣擦れの音がしたのを聞いたときでした。暗がりで私たちの愛の営《いとな》みに耳を澄ませている義母の姿が思い浮かんで、ゾッと鳥肌が立ちました。

結婚当初、私たち夫婦は子作りのためもあって毎晩のように交わっていました。もともと感じやすく、年齢的にも性欲が増していた私は、大きな声をあげることもありました。義母がそれをうかがいつづけていたのだとすると、あの「いやらしい」という言葉の意味にもいちおうの説明はつくのです。

もちろん、だからといって納得がいくわけではありませんでしたが……。

結婚二年目に息子の康太《こうた》が生まれると、しばらくの間は平穏な日々が続きました。でも、ほんの一時のことでした。乳離れがすんだころから、義母は待ち構えていたように、私と康太を取り合うようになったのです。

こうなると、私も黙ってはいられなくなりました。

特に困るのは、義母が孫の気を引きたいがために、とにかく甘やかしてしまうことでした。味を占めた康太は、欲しいものがあるとなんでも買ってくれる義母に甘え、義母におもねってか私の悪口を信じるようにまでなりました。

悪口は私の目の前で言われることもありましたが、陰ではもっとひどいことを言われているに違いありませんでした。

「お義母《かあ》さん、康太に変なことを吹き込まないでください。それに、しつけは私がしてるんです。もう勝手におもちゃを買い与えるようなことは……」

初めはひかえめに言うようにしていたものの、「喜んでるんだからいいじゃないか。やっぱりあんたは康太がかわいくないんだねぇ」などと、康太に聞こえるように言ったりするのです。

やがて康太は、私ではなく義母といっしょに寝たがるようになり、四歳になったある日、「ねぇ、ママっていやらしいの？」と聞いてきて私を真っ青にさせました。

義母に対する殺意にも似た衝動が生まれたのは、そのときでした。

この日を境に、私と義母は康太の前でも口汚く罵り合うようになりました。

オロオロしている康太を見るにつけ、こんなことをしていてはいけないと思うのですが、どうしても自分を抑えられませんでした。

思えば結婚して以来、ずっと我慢してきたのです。

何度か夫にも相談していました。でも、彼はいつも知らんぷりでした。それどころか前もって義母からいろいろ吹き込まれていたらしく、面倒くささもあったのか、挙句には私が悪いような言い方をするようになりました。

怒った私は夜の営みを拒《こば》むようになりました。夫は初めのうちこそ機嫌をとろうとしてきましたが、私が軟化しないと見ると、当てつけのように石鹼の匂いをさせて朝帰りするようになりました。

そんななか、義母は夫の態度にいらつく私をあざ笑うように康太を猫かわいがりして、精神的に不安定になった私から、ますます息子を引き離しにかかったのです。

このままじゃ、愛する康太のことまで憎くなってしまう……。

もう限界かもしれないと、一日のうちに何度も思うようになりました。


ある朝のことです。私は家の掃除を途中で放り出し、フラフラと玄関を出てひと気のない通りをあてもなく歩きだしていました。そして、たまたまやってきたバスに乗って駅まで行くと、これもなんとなく目についたJR八高線《はちこうせん》のホームへ入り、ドアの開いていた四両編成の電車に乗りました。

ほとんどノイローゼのような状態だったのだと思います。

十一月半《なか》ばくらいの土曜で、ぼんやりと車窓の景色を眺めていると、車内には次第に行楽客の姿が目立つようになりました。

河川敷が広々とした多摩川を渡るとき、橋の上からは奥多摩の山々や、遥か遠くには富士山が見通せました。

やがて、フェンスにおおわれた米軍基地の中を突っ切るかたちで電車は進み、東京都最後の駅となる箱根ケ崎《はこねがさき》を過ぎたころから、左右には茶畑などの広い畑地が広がりました。

八高線の終点って高崎だったっけ……？

このまま乗っていれば群馬まで行ってしまうんだなと思っていると、高麗川《こまがわ》駅で車両は二両だけになりました。乗車しているのはハイキングの格好をした人がほとんどで、聞こえてくる会話によれば紅葉《もみじ》狩りに行く人々のようでした。

なんとなく誘われるように、行楽客の大半が降りた越生《おごせ》駅で私も電車を降りていました。そのまま彼らについてバスに乗り、黒山《くろやま》の停留所に降り立ちました。バス停から二十分ほど山道を歩くと黒山三滝《くろやまさんたき》という名所があるようです。ゾロゾロと歩く人たちに続いて私も歩きだしました。晴れていて空は高く、空気がひんやりとしていました。

案内板によれば、黒川三滝は男滝《おだき》・女滝《めだき》と、天狗滝《てんぐだき》の三つの滝の総称で、日本観光百選にも選ばれた景勝地とのことでした。

上着も持たずに出てきてしまった私は、細身のジーンズに白いブラウス、紺のニットカーディガンという薄着でしたが、十分に色づいた紅葉の木々を見ながら登り坂を歩いているうち、汗ばんでくるようになりました。

落差二十メートルの天狗滝を過ぎ、並ぶように落ちる男滝・女滝が合わせて見られる赤い欄干《らんかん》の夫婦橋《めおとばし》まで来ると、イチョウやモミジの鮮やかさに体ごと呑み込まれていくような気がしました。

よりにもよって夫婦橋か……。

そう思った瞬間、ふと橋から飛び込んでしまいたい衝動にかられました。そして、黒いパンプスをはいた足が急に頼りなくなって、そのまま無意識にフラッと身が傾きかけたとき、「あの、大丈夫ですか？」と背後から両肩をつかまれたのです。

ハッとして振り向くと、私を助けてくれたのは登山の格好をした五十代くらいの年配の男性でした。白髪の多いウェーブのかかった髪といたわるような優しい目を見たとたん、私は急に感情が昂《たかぶ》り、その男性にすがりついて号泣してしまいました。

「とりあえず、こっちに寄りましょうか」

男性は私の肩を抱いて、登山道のテラスになったところまで誘導してくれました。

私は「すみません、すみません」と言いながらも涙が止まらず、男性の胸に額をつけて泣きつづけました。通りかかる人たちから好奇の視線を浴びせられていたことと思いますが、男性は「大丈夫、大丈夫だよ」と私の背中をなでつづけてくれました。

こんなふうに、人から優しくされたのは何年振りになるのか……もう思い出せないほど昔のことのような気がしました。

男性は井上《いのうえ》さんといい、私を心配していっしょにバス停まで下りてくれました。その道すがら、私はときに泣きじゃくりながら、胸につかえていたことをすべて話してしまいました。井上さんは薄着の私に上着を貸してくれたうえ、延々と続く愚痴のような話をずっと親身になって聞いてくれていました。

彼がたまに差しはさんでくれる合いの手で、私は井上さんがバツイチで、子どもがいないこと、登山が趣味で、いまは会社を早期退職して気ままに暮らしていること、この日はどこかで適当に宿をとる予定だということを知りました。

夫より年上なのに、顔も体つきもシュッとしているし、素敵な人だな……。

そう思ったとき、義母に言われて無意識に抑え込んでいた私の中の「女」が、久しぶりに目を覚ましていました。夫以外の男性としっかり話したこと自体もそうですが、直接体でふれ合ったことが大きかったのだと思います。

「サポートしてもらいながら山歩きをして、こうしてお話しもさせていただいて、おかげさまでだいぶ楽になりました。ほんとうにありがとうございました」

お礼を言って甘えるようにもう一度身を寄せると、井上さんは少し驚いた様子を見せたあと、「それならよかった。ぼくは別に何もしてないけど、もしお役に立てたのなら声をかけてよかったよ。なにしろ美人な奥さんだから、ナンパみたいに思われちゃうかなと思ったんだけど」と優しくハグをしてくれました。

道中、井上さんはふらつく私の腕をとったり、ときには腰を抱くようにして何度もフォローしてくれていました。その手つきや体の寄せ方に、ある程度の欲望がひそんでいるのは女ならすぐにわかることで、私はそれを承知で、途中からはわざとすきを見せたり甘えたりしてしまっていました。

もちろん誰にでもそんなふうにするわけじゃありません。でも、義母に「いやらしい」と言われていたこと……実を言うとまったく心当たりがないわけでもないのです。

「あの……井上さん、私、今日……帰りたくない」

下山の途中から、ずっと考えていたことでした。

「えっ……いや……まあぼくも、あなたをこのまま帰すのは心配だけど……でも、家のほうはもっと心配してるだろうからなぁ」

「大丈夫です……絶対に迷惑はかけませんから……あの、今夜は井上さんの泊るところに……いっしょに泊めてもらえませんか？」

私が女として多少計算高いタイプで、容姿を利用しがちなところがあるのは事実でした。若いころからそうで、確かにほめられたことではないとは思うのですが……。

「お、奥さん……参ったなぁ……」

困り顔でそう言いつつ、私が「お願い」と井上さんの胸板に胸のふくらみを押しつけると、明らかに欲情した男の目で見おろしてきました。

そして、ジワッと抱き返してきながら少し黙って、「わかった……じゃあ今夜はずっといっしょにいるよ」と、彼の下腹の硬いふくらみを私の腰にふれさせてきました。

こんなふうに書いたら、とんでもない浮気女だと思われてしまうかもしれません。でも、何年間ものストレスとこの日の突発的なあれこれは、私を普通の状態ではなくしてしまっていたんです。

小ぎれいなシティホテルに夫婦のふりで部屋を取ると、すぐに夕食になり、そこでワインを少し飲みました。すでに暗くなっている窓の外を見れば、携帯電話も持たずに家を出てきた私のことで義母や康太がどうしているかと気になりましたが、酔いが回るにつれて意地悪な気分になりました。

いずれ夫も帰宅するか、義母からの連絡を受けて私の失踪を知るでしょう。

せいぜい、あわてればいいんだわ。

そんなことを考えつつ、テーブルの下で井上さんの足をつついたり、挑むようにじっと目を見つめたりしていました。

食事を終え、部屋に戻るなり「もう我慢できないよ」と井上さんが私を壁に押しつけてキスをしてきたときも、私はそれをあたりまえのように受け止めました。

夫とつきあうようになって以来、ほかの男性とキスをするのは初めてでした。

息を乱しながら舌を入れてくる井上さんの下腹部のふくらみを押し当てられ、ブラウスごしに乳房をもみしだかれました。

すごい……激しい……。

女として求められているという実感に、子宮がジーンとしびれるように熱くなりました。

ブラウスの前を開かれ、ブラカップを上へずらされて乳首を指で転がされました。

「あっ……」

思わず声が出て、膝を折りそうになりましたが、井上さんがそんな私を支えるように首筋に唇を押しつけ、片手でジーンズ越しのアソコをなでてきました。ジーンズのホックとファスナーを開けられると、井上さんのゴツい手がパンティの上からアソコを刺激してきました。自分でも、もう濡れてしまっているのがわかりました。

「敏感なんだね、奥さん」

「あんっ……い、言わないで……」

恥ずかしいほどピンッととがった乳首に吸いつかれ、パンティの中へ手を突っ込まれました。秘所に沿って指を上下に動かされ、膣口からクリトリスまでの間をヌルヌル往復されていると、いよいよ立っていられなくなりました。

壁に背を当てたまま、ズルズルとすべり落ちるように腰を落とした私の前で、井上さんが自分の下半身を剝き出しにしました。

少し白髪のまじった陰毛から、夫のそれよりも二回りは大きいアレが硬くそり返っていました。その先端は、しずくを溢れさせて照り光っていました。

上目づかいになりながら私がそれを咥えると、井上さんは「うぅっ……いい」とうめくように言って、腰を前後に動かしました。

口いっぱいのモノに舌を絡めて、吸い込みながら手で睾丸を優しくもみました。

「奥さん……じょうずだね。最初に見たときからセクシーだとは思ってたけど……俺、声かけてよかったよ」

やっぱり下心があったから優しかったんだと思いましたが、いやな気持ちにはなりませんでした。ほんとうに死にたかったわけではないにせよ、井上さんがいなければ橋から落ちていたかもしれないのは事実です。

この人は命の恩人なんだ……そう思うと、なんでもしてあげたくなりました。

私は身を屈めて頭を井上さんの足の間にもぐり込ませ、舌先をお尻の穴のほうにまで伸ばしていきました。

「お、おい……シャワー浴びてないんだぜ？」

井上さんがあわてたように言って、片脚でケンケンをしました。

「いいの……舐めたいの」

「奥さん、そんな……うああっ……」

硬い毛の中に舌をくぐらせて肛門をネロネロと舐め回しました。夫にも誰にもしたことのない行為でしたが、そのせいか、舐めている私自身もどんどん高揚《こうよう》してくるようでした。

「奥さん、俺にも舐めさせてよ」

「わ、私は……」

山歩きで汗をかいていたことを思い出し、今度は自分があわててしまいました。彼のを舐めるぶんには平気だったのに……。

あわてているうちに体ごとベッドに投げ出され、ジーンズとパンティを強引に剝きおろされました。

「ああっ、だ、ダメよ……先にシャワーを……」

「ふふふ、だから言っただろ？　でも、俺は奥さんみたいなイイ女のだったら、どんな臭くても舐められるぜ」

いつの間にか乱暴な口調になっている井上さんが、言いざまに私の両足を左右に開かせ、おもむろにアソコへ唇を押し当ててきました。そのまま膣口やクリトリスを舐め込まれ、同時に乳房をもみしだかれました。

「ああっ、あああぁっ」

恥ずかしいのに、全身がしびれ切ったようになってしまって、脚を閉じられませんでした。井上さんはそのまま舌をお尻のほうへ伸ばしていき、とうとうそっちの穴をほじりだしました。

「い、いやっ……そんな強く……お願い、そこはよして！」

自分の顔を両手でおおって私は叫びました。でも、井上さんは舌先を硬くすぼめて、中にまで入ってこようとしてきます。

「ひっ……ひいぃっ」

しびれたままの体が熱くなり、全身の毛穴という毛穴から汗がにじんでくるようでした。

「おいしいよ、奥さんのケツ穴……すごくいやらしい味と匂いがする」

義母とのやり取りで「いやらしい」という言葉には敏感になっている私でしたが、やっぱりいやではありませんでした。ただ、恥ずかしくて恥ずかしくて……。

自分が責めているときにはあったはずの余裕が、いつの間にか消え去っていました。

やっと顔を上げた井上さんが、アソコに指を挿入し、Ｇスポットをリズムよく突き上げてきたとたん、ビクッと体が反応し、頭が真っ白になりました。

「あぁっ、いいっ……そこっ……気持ちいい！」

あられもなく叫んで腰を浮かせ、一気にエクスタシーの階段を駆け上りました。

そして井上さんが指を抜いた瞬間、ブシューッと透明なお潮を吹いてしまいました。

「すごいな……ほんとうにいやらしい体してるんだね」

満面の笑みを浮かべた井上さんがまた指を入れてきて、私をイカせては潮を吹かせるということを繰り返しました。

自分自身、お潮を吹きやすい体質だということは知っていましたが、こんなふうにベッドのシーツが広い範囲で冷たくなるようなのは初めてのことでした。

「俺までビッチャビチャだよ」

井上さんが楽しそうに笑いながら濡れた服をすべて脱ぎ去り、勢いよく全裸になりました。想像していたとおり、五十代とは思えないほど引き締まった体つきをしています。

私の服もすべて脱がされ、「ホントにいい体してるよね、奥さん。細身なのにオッパイとお尻は大きくてさ。しかも脂が乗ってるから……男ならみんなソソられちゃうと思うよ」と、おおい被さってきました。

もともとプロポーションには自信があったのですが、康太を生んだことで多少ボディラインは崩れていましたから、ホッとするのと同時に、またなんでもしてあげたくなりました。

「井上さんこそ……とっても逞しいし……セクシーよ」

息を乱しながらそう言った口を情熱的なキスでふさがれ、脚を開かされると、ズルゥッと井上さんのアレが中に入ってきました。避妊具をつけていなかったのでドキリとしましたが、雰囲気を壊したくなくてそのまま奥まで受け入れました。

井上さんの腰が確かなリズムで動きだし、私はのけぞりながら、あられもない声をあげました。揺れる乳房に唇をつけられ、乳首を甘噛みされながら突かれていると、ついさっき何度もイッたばかりなのに、また追い詰められました。

「ああっ、大きいっ……井上さんのオチ○チン……あぁっ、奥まで届いてる！」

子宮口をグングンと突いてくるそれは、いかにもナマという感じで、膣の粘膜を強く引っかき、私の理性をトロトロに溶かしました。

「気持ちいいっ……もっと、もっとして！　ああっ、イクッ……またイクゥッ！」

井上さんは、痙攣する私の背中に手を回して強く抱き上げ、体位を対面座位にして真下から突き上げてきました。休む間もなく、私はまた絶頂の波にさらわれました。

大きなアレで串刺しの状態になり、自分ではなすすべもないまま上下に激しく揺すられました。密着する胸と胸が汗でヌルヌルとすべって、ますますいやらしい気分になりました。

私、自分で自分のこと、いやらしいって思ってる……。

井上さんが背中側へ倒れて騎乗位になると、私は自分で腰を跳ね躍《おど》らせました。

グチュッ、グチュッと湿った音が高く響いて、下から乳房をもみしだかれました。

「ああっ、いいっ……当たってる！」

叫ぶと同時に、高く跳ねすぎてアレがアソコから抜けてしまい、ブシューッとお潮が飛び出しました。潮まみれになった井上さんが、いやがる素振りもなく身を起こしてきて、今度は私を四つん這いの格好にさせました。

「ジーパン越しにも、いい尻だと思ってたんだ」

そう言って、後ろから奥まで入ってきました。夫との営みでは正常位ばかりだったので、こうして顔を見ないで貫かれるのはとても新鮮でした。

なんだか、犯されてるみたい……。

思えば、井上さんとはほんの数時間前に山の中で出会ったばかりなのです。あらためて、自分のいやらしさが身につまされるようでした。

そろそろ夫にも連絡が行っているころかもしれないと思いましたが、熱く込み上げる快感が、すべてを洗い流してしまいます。

「あぁ、いいっ……オチ○チンいいの！　も、もっと滅茶苦茶にして！」

きっと家へ帰れば尋問するようにいろいろ聞かれるに違いありません。でも、そんなことは、もうどうでもいいと思いました。いまの快感、いまの興奮、いまの楽しさ、いまのいやらしさ……そういうもののほうが、ずっと大事だと思えてくるのです。

「イクッ……またイッちゃう！」

冷たいシーツをつかんで私がそう叫んだとき、井上さんが「俺もイキそうだ！」と腰の動きを速めてきました。私はビクンッと胴震いしながら終わらない快感に耐え、シーツに顔を押し当てました。

次の瞬間、井上さんが「ケツにかけるぞ！」と鋭く言って、言葉どおり、精液のホットなシャワーを私のお尻に降り注がせました。

呆然《ぼうぜん》……自失……。

こんなに乱れて、こんなに何度も絶頂したのは、きっと生まれて初めての経験だったと思います。リップサービスかもしれませんが、井上さんも「人妻としたのは初めてだったけど、最高に気持ちよかったよ」と言ってくれて、この日は疲れてそのまま眠ってしまいましたが、翌朝、ホテルを出る前にシャワーを浴びると、お互いに興奮してきて、もう一度してしまいました。


帰宅後は、もちろん問い詰められました。

日曜日だったので夫も自宅にいて、義母と二人で矢継ぎ早に質問をされました。私は「気晴らしがしたくなったから紅葉狩りをしてきただけよ」と、堂々と言い放って二人を見つめ返しました。

とうてい、それだけの説明ですむはずがないと思っていましたが、意外なことに、夫も義母も二の句が継げないまま、それ以上は何も言ってきませんでした。

二人とも、そして康太も、どこか私に気圧《けお》されているみたいでした。私自身はとても落ちついていて、気分がすっきりしていましたし、余裕ができたからなのか、義母に対する鬱憤《うっぷん》まできれいさっぱりなくなっていました。

きっと義母も淋しいんだ……そう思うと、かわいそうにすら思えてくるのです。

そのせいかどうか、けっして仲よくなったわけではないのですが、義母の干渉は目に見えて減りましたし、息子も私の言うことを聞くようになりました。夫の朝帰りもやみました。

いざとなったら、どうとでも腹はくくれるんだ。私はわがままに生きていい……。

思えば死の手前まで行き、そして生をつかみ取って帰ってきたのです。その体験は、私を根本から変えてくれたのかもしれません。

あれから三年、秋になると井上さんとの夜を思い出します。連絡してみたいという気持ちもあるのですが、それはやっぱり「いやらしい」ので、いまは家族のことをいちばんに考えて、夫との営みだけで我慢しています。

死の淵から甦った七十代の絶倫義父！漲る老肉棒を熟れたマ〇コで呑み込み

原田由香里　主婦　四十二歳

秋になり、急に寒くなってきたせいか、夫の父親が軽い脳梗塞になってしまったんです。

夫は大学生のときに家を出て、それ以来、義父とはずっと別々に暮らしています。義父は以前は義母と二人で暮らしていたのですが、その義母も四年前に亡くなり、現在は一人暮らしでした。

その日、風呂上がりに頭の中でお寺の鐘が鳴り響いているかのような頭痛がしたそうなんです。これは普通でないと感じた義父は、自分で救急車を呼び、その判断が命をつなぐ結果になったんです。

もしも翌朝、病院が開くまでと思って我慢していたら、まちがいなく最悪の事態になっていただろうということでした。

そして、退院の日の夜に、義父の家でお祝いをすることになったんです。なのに当日の夕方になって。夫からメールが届きました。

〈急な仕事で今夜は行けなくなった。おまえがしっかり親父を祝ってやってくれ〉

実は、夫はあんまり義父と折り合いがよくないんです。男親と息子というのは、女親と娘とは違い、そういう人が多いみたいです。でも、退院祝いぐらいしてあげればいいのに……と私は少し腹を立てていました。

だから私一人だけでも、盛大にお祝いをしてあげようと思って、腕によりをかけてご馳走を作ったのですが、義父はあまり食べようとはしなかったんです。

「お義父《とう》さん、どうしたんですか？　食欲ないんですか？」

「いや、そういうわけじゃないんだ。ただ、今回のことで死を身近に感じてしまってね。なにしろ、あのとき救急車を呼ばなければ、私は死んでたわけだからね」

義父は、そうしみじみと言うんです。

「確かに、お義父さんがそんなふうに思うのは当然のことですね。だけど、せっかく命を取り留めたんですから、これからの人生も楽しんでくださいね」

私がそう言うと、義父は「うぅん」と何かを言い淀《よど》むんです。

「どうしたんですか？　遠慮しないで、なんでも言ってくださいよ。私とお義父さんは親子なんですから」

「じゃあ、思いきって言わせてもらおうかな。軽蔑しないでくれよな」

「軽蔑なんてしませんよ。さあ、思いの丈をぶちまけちゃってください」

私は特に深く考えることなく、義父を促《うなが》していました。

「うん。今回のことで、人生なんていつプッツリと終わってしまうかわからないと感じて、後悔しない生き方をしようと決めたんだ。だから、言わせてもらうよ。私は由《ゆ》香里《かり》さんのことが好きなんだ」

そう言って、義父は私の手を握りしめたんです。

「え？　お義父さん……なに……？」

義父の言葉は意外すぎて、私は一瞬、頭が真っ白になっていました。

「由香里さん、好きだ。あんたを抱きたい」

義父が顔を近づけてきました。キスをするつもりだと理解した私は、あわてて義父の手を振り払って背中を向けました。

「ダメです、お義父さん。私は結婚してるんですよ。しかも、相手はお義父さんの息子の友也《ともや》さんなんですから」

「無茶なことを言ってるのはわかってるよ。だけど、この気持ちを伝えないで死んでいくのは我慢できないんだ。友也が初めて由香里さんを家に連れてきたときから……そして何度も会ううちにどんどん好きになっていったんだ。今回、死にそうになったときも、頭に思い浮かべたのは亡くなった妻ではなく、由香里さん、あんたの顔だったんだ」

義父はそう言いながら、私を背後から抱き締めました。いわゆるバックハグの体勢です。義父の逞しい胸に包み込まれるようにして、私は心地よさを感じていました。

夫が最後にこんなふうに抱き締めてくれたのは、いったいいつのことだったか……。思い出せないぐらい昔のことなんです。二十代のころはまだ子作りという目的があったために、月に一度は抱いてくれましたが、結局子どもをあきらめて以降は、夫は一度も私を抱こうとはしなくなりました。

自分から誘ってみたこともありましたが、「疲れてるんだ」と断られることが何度か続くと、もうそんな気持ちもなくなってしまいました。だから、もう二度とセックスをすることはないだろうなと、ぼんやりと思っていたのでした。

それなのに、義父は私を抱きたいと言ってくれている……。

私は全身がカーッと熱くなり、あそこが一気にヌルヌルになっていました。

「由香里さん、好きだ。さあ、こっちを向いて、そのかわいい顔をよく見せてくれ」

私が特に抵抗しないことに気をよくしたのか、義父は私の肩をつかんで振り向かせました。そして、ゆっくりと顔を近づけてくるんです。

今度は、私は抵抗しようとはしませんでした。もともと義父には好意を持っていたんです。もちろん父親としてでしたが、そういう相手として見ようと思えば、義父は年齢のわりには若々しくて、まだまだ男としての魅力を持っているんです。

義父の唇が私の唇にふれました。ほんの少しタバコの匂いがしましたが、それもいやではありません。子どものころに父親にだっこされたときのような、心地よい感傷が込み上げてくるのでした。

そして、義父の舌が私の唇をこじ開けて、口の中に入ってきました。

「うっ、ぐぐぐ……」

思わずうめき声を洩らしてしまいましたが、かまわず義父の舌は私の舌に絡みつくようにして動き回るんです。

ぴちゃぴちゃと唾液が鳴り、義父の唾液の味が口の中にひろがりました。私はもうなにも考えられないぐらい興奮していき、気がつくと自分から義父の舌を舐めたり吸ったりしはじめていました。

すると、義父が不意にキスをやめてしまいました。どうしてやめるの？　と私が瞳で問いかけると、義父は私の手をつかんで立ち上がるんです。

「さあ、寝室へ行こう」

寝室へ行けば、もう最後までしてしまうことでしょう。夫を裏切ることになるんです。だけど私は特に抵抗することもなく、義父といっしょに寝室に向かってしまうのでした。

ベッドの横まで来ると、義父は私を抱き締めて、またディープキスをしました。そのキスはほんとうにじょうずで、私は腰から砕けるようにして、ベッドに倒れ込んでしまいました。

その上に義父がおおい被さり、さらに熱烈にキスをするんです。とても老人のキスとは思えません。ガツガツとした、若者のようなキスなんです。それぐらい義父が私を求めてくれているということだと思うと、私は全身がビリビリしびれるほどに興奮してしまうのでした。

キスをしながら義父は私の胸をもみはじめました。最初は遠慮がちに、それが徐々に激しくもみしだくようになっていくんです。

さらにはセーターをたくし上げて、ブラジャーを押し上げ、直接乳房をもみはじめました。ゴツゴツとした太い指が私の乳房に食い込むんです。それは、久しぶりに感じる女としての快感でした。

ひとしきり柔らかさと弾力を確かめるようにもみつづけると、義父は乳首をつまみました。

「あんっ……」

私の口から思わず声がこぼれました。そのことで気をよくしたように、義父は乳首をもてあそびはじめるんです。

「すごく硬くなってるよ。由香里さんも興奮してくれてるんだね」

「あああん、お義父さん、そんなことを言わないでください。恥ずかしくなっちゃいます。あああん……」

「恥ずかしがらなくてもいいよ。私はうれしいんだ。ほら、もっと硬くしてあげるよ」

義父は乳首をつまみ、指の腹で押しつぶすようにしてグリグリと刺激してきます。

ゾクゾクするような快感が体を駆け抜け、じっとしていられなくなるんです。

私が体をくねくねと動かしていると、義父は体を下へ移動させて、乳首をパクッと咥えました。そして、まるで乳飲み子のように吸うんです。もちろん年の功で、もう一方の乳首は指でこね回しつづけることを忘れません。

そんなふうにして、左右の乳首を交互に延々と責めるんです。もちろん気持ちいいのですが、いつまでも胸ばかり愛撫されることに、だんだんじれったい思いが募《つの》ってきました。

「あぁぁん、お義父さん、すごく気持ちいいんですけど……はあああん……」

「気持ちいいけど、なんだね？」

「いや、恥ずかしい。そんなことを言わせないでください」

「ふふっ……由香里さんはマジメそうな顔をして、けっこうエッチなんだね。乳首がこんなに感じるんなら、こっちはどうなっちゃうんだろうね」

そう言うと、義父はおもむろに私のスカートをたくし上げて、パンティの中に手を入れてきました。

「あっ……はあああん……」

いきなり、ぬるりと割れ目の奥まで指をねじ込まれ、私の体がビクンと反応してしまいました。

「うわぁ、すごく濡れてるよ。ほら、ピチュピチュ鳴ってるよ」

義父は指を小刻みに動かして、わざと音を立てるんです。それが自分のオマ○コの音なんだと思うと、全身が一気に熱くなってしまいました。

「ああん、いや、やめてください。はあああん、それ……あああん、恥ずかしすぎます」

だけど、義父はやめてくれません。それどころか、指で割れ目を愛撫しながら、体を下のほうへと移動させるんです。

そして、私の両脚を左右に押し開き、その中心に顔を近づけてくるのでした。

「あっ、はああん……」

義父の吐息が熱く濡れた部分にかかり、私はビクンと腰をふるわせました。

「まだ舐めてないよ。由香里さんはほんとうに敏感なんだね。いまからもっと気持ちよくしてあげるからね」

そう言うと、義父は私の股間に顔を埋《うず》めて、ぴちゃぴちゃと音を立てながら舐めはじめました。

「ああ……いや……あああん、気持ちいいです……はあああん……」

割れ目の内側をヌルンヌルンと義父の舌がすべり抜けるたびに、私は悩ましく喘いでしまうのでした。

そして義父は、その舌愛撫を徐々にクリトリスへ集中させてきました。

舌先で転がすように舐め回していたかと思うと、さっき乳首にしたのと同じように口に含んで、赤ん坊がオッパイを吸うときのようにチューチュー吸いはじめました。

「ああああん、お義父さん……はああん……」

私は義父の頭を優しくなで回しながら、腰をヒクヒクさせつづけました。

するとと、義父はクリトリスを前歯でハムハムと甘噛みしはじめたんです。それは、舐めたり吸ったりするのとは桁違いの快感を私に与えました。

「だ、ダメです、お義父さん、やめてください。そ、それは……あああん、ダメだってば……いや……ダメダメダメ……あああん……」

私は義父のクンニから逃れようとしましたが、しっかりと太腿のあたりをつかまれていたためにそれもできません。

そして義父は、執拗《しつよう》に甘噛みを続けるんです。

「ああ、いやっ……お義父さん……あああん、イクイクイク……イッちゃう！」

まるで電気ショックを受けたかのように私の体は激しく跳ねて、義父を弾き飛ばしてしまいました。

「痛たたた、びっくりしたよ。由香里さんはすごくいやらしいイキ方をするんだね」

義父が起き上がる気配がしました。

私の恥骨が義父の顔を直撃したはずなので、ちょっと心配になってしまい、エクスタシーに昇りつめたばかりでぐったりとしながらも、私は義父のほうに顔を向けました。

「ごめんなさい、お義父さん。大丈夫で……はあっ……」

言葉の途中で私は息を呑みました。義父はベッドの上に仁王立ちしていたんです。しかも、その股間には、赤黒い肉の棒がまっすぐ天井を向いてそそり立っているのでした。

「ほら、もっとよく見てくれ」

義父は下腹に力を込めて、オチ○チンを動かしてみせました。

「す……すごいです、お義父さん……ああ……なんでそんなに……？」

義父は七十代なのです。なのにオチ○チンだけは、まるで二十代のような元気さです。とても信じられない光景でした。

「死を目前にすると子孫を残さなければいけないというオスの本能が発揮されると聞いたことがあったが、それはどうやらほんとうのようだ。脳梗塞で死にかけてからというもの、ちょっと性的な刺激を受けるとすぐに勃起してしまうんだよ。もちろん、ここまでビンビンになるのは、相手が由香里さんだからということもあるがね」

義父は両手を腰に当てながら、得意げに説明してくれました。

私のことを思いながらこんなになってくれている……そう思うと、義父のオチ○チンが、すごく愛おしく思えてくるんです。

「お義父さん、今度は私に舐めさせてください」

その場に膝立ちになり、私は義父の太腿に手を添えて、オチ○チンの裏筋をペロペロと舐めてあげました。

「おおお……気持ちいいよ、由香里さん……んんん……あああ、たまらん……」

仁王立ちになったまま、義父は体をくねらせるんです。

「ダメですよ、お義父さん。そんなに動いたら舐められないわ」

私は右手でオチ○チンをしっかりとつかみ、先端を手前に引き倒し、亀頭をパクッと口に含みました。

「はっ、ううぅ……」

苦しげにうめき、義父は両拳を体の横で握りしめました。そんな義父の顔を上目づかいに見上げながら、私は首を前後に動かしはじめました。

夫とはずっとセックスレスだったので、こうやってオチ○チンをしゃぶるのも久しぶりです。しかも硬くて太くて長いのでしゃぶりがいがあり、唾液がどんどん溢れ出てきて、唇の端からポタポタ滴《したた》り落ちてしまうんです。

「うう、由香里さん……なんていやらしいしゃぶり方をするんだ。友也のやつは、よっぽど由香里さんにさびしい思いをさせてたんだな」

「あぁぁん、お義父さん……それもあるかもしれないけど、お義父さんのオチ○チンがすごく硬くて大きいから、私……興奮しちゃって……あああん……」

それだけ言うと、私はまたオチ○チンにむしゃぶりついてしまうんです。こんなに淫らになったのは初めてです。義父がオスの本能で私を求めてくれているから、私もメスの本能で義父を求めてしまうのでした。

「あああ、由香里さん……ううう……そんなに激しくしゃぶられたら、私はもう……ううう……ダメだ。や……やめてくれ。ああうう っ……」

義父が腰を引き、私の口からオチ○チンが抜け出ました。

すると、唾液をまき散らしながら亀頭が勢いよく跳ね上げられ、義父の下腹に当たって、パンッと大きな音が寝室に響きました。

「どうしてやめさせるんですか?」

さっき私をイカせてくれた、お返しのつもりでしゃぶっていたのに……だけど、義父の言葉を聞いて私は納得しました。

「さすがに、何発も射精はできないよ。この一発を大事にしないとな」

確かにそうです。あまりにも硬くて大きいので忘れていましたが、義父は七十代なんです。それならもう……。

「お義父さん、じゃあ、私のオマ○コで」

そう言って私はあおむけになり、義父に向かって大きく股を開きました。

すぐに襲いかかってきてくれると思っていたのに、義父はちょっと困ったような顔をしているんです。

「どうしたんですか？　何か言いたいことがあるなら、遠慮せずに言ってください」

「うん……オスの本能のまま自分の欲望を大事にして残り少ないセックスをしたいと思っているんで、正直に言わせてもらうが、後ろからやらせてくれないか？」

「えっ？　後ろから……？　それってバックでってことですか？」

「そうだ。由香里さんの大きなお尻を見て、いつも興奮していたんだ。だから、最初に由香里さんにぶちこむなら、ぜひ、そのお尻を見ながら……と思ったんだが、ダメだろうか？」

自信なさげにたずねる義父がかわいくて、私は笑ってしまいそうになりました。

「いいですよ。後ろから入れてください」

私は四つん這いになり、義父に向かってお尻を突き上げました。

「ああ、すごい……すごくエロいよ。たまらないよ。由香里さんのお尻は最高だよ」

義父は感動の言葉を洩らしながら、私のお尻をなで回します。

「ああああん、くすぐったいです。ああああん……」

「こら、尻をくねくねさせるんじゃない。エロすぎて鼻血が出てしまうじゃないか」

義父は私のお尻を両手でつかみ、親指にグイッと力を入れてひろげるんです。

「いやっ……お尻の穴が丸見えになっちゃう。はあぁぁ……」

「おおお……そんなことを言いながら、お尻の穴がヒクヒクしてるぞ。その下のオマ○コの穴もぱっくり開いて、私のペニスを催促してるじゃないか」

「そうです。催促してるんです。ああああん、もう……もう入れてほしくてたまらないんです。お義父さん、早くぅ」

「わかったよ。いま、入れてあげるからね。ああ、由香里さんとこんなことができるなんて……生きててよかったよ。ほら、これでどうだ？」

義父は両手でお尻をひろげたまま、前屈みになって器用にオチ○チンの先端をオマ○コに押し当て、そのままゆっくりと挿入してきます。

お尻をひろげられた恥ずかしすぎる格好でオチ○チンを挿入されるのは最高に気持ちよくて、私はよだれを垂らしながらうっとりしてしまいました。

「おおお……入った……私のペニスが全部入っちゃったよ」

義父の体と私のお尻がピタリと重なり合いました。義父のオチ○チンはほんとうに大きいので、すごく奥まで当たるんです。夫のでは届かないぐらい奥まででです。その初めての経験に、私はお尻をくねらせながら懇願していました。

「あはぁぁぁ……お義父さん、動かしてぇ。奥のほうをいっぱいかき回してぇ」

「ああ、いいとも。これでどうだ？」

義父は奥まで挿入した状態で、円を描くように腰を動かすんです。子宮口がグリグリ刺激され、私はいっぺんで意識が飛んでしまいそうになりました。

「あ、ダメ。それ、気持ちいい……あああん、お義父さん、すごいです。あああああん、気持ちよすぎて、私……あああん！」

すでにクンニで一度イカされていた私の体は敏感になっていたようで、一気に絶頂に昇りつめてしまいました。

「すごいね、由香里さん。こんなにすぐにイッちゃうなんて。こんなふうにしたら、どうなるんだろうね？」

そう言うと義父は、円を描く動きに抜き差しする動きを加えました。その動きは、オマ○コの中をくまなく刺激するんです。もちろん、それも初めての経験でした。私は布団の上にピタリと胸を押しつけて腰をそらし、お尻を突き上げたまま、またイッてしまいました。

「あぁぁぁん、またイクゥ！　あっ、はぁぁん！」

「ううう……締まる……すごく締まるよ。ああぁ、オマ○コが締まるのと同時に、お尻の穴もきゅーっとなるのがかわいくてたまらないよ。ああぁ、もうダメだ。私も、もうそろそろ限界だよ。ううう……」

　円を描く動きで抜き差ししながら、義父は苦しげに言いました。そして腰の動きをさらに激しくしていくんです。

「あああっ、壊れちゃう……はああん、あそこが壊れちゃうぅ！」

「あああ、すごい……ううう、気持ちいい。あああ、エロいよ、このお尻。あああぁ、もう、もうイク……うううっ……あああ、イク！」

　お尻をなで回しながら激しく腰を振っていた義父が、奥まで力いっぱいオチ○チンを突き刺した状態で動きを止めました。

　それと同時に、私の中でオチ○チンがむちゃくちゃに暴れて、何か熱いものが子宮目がけてほとばしるのがわかりました。その刺激で、私もまたイッちゃったんです。

「ああああん！　お義父さん……はああああん！」

　オチ○チンがおとなしくなると、義父は大きく息を吐いて腰を引きました。大きなオチ○チンがずるんと抜け出て、私は芯を抜かれたように布団の上にぐにゃりと倒れ込みました。

「あああ、すまん！　気持ちよすぎて中に出しちゃったよ……」

義父はそう言って謝りました。だけど、私は怒ったりはしません。あれだけ妊活をしても妊娠しなかったのですから、中に出されても全然平気です。それに、私も義父の精液を、子宮で味わいたかったのでした。


その日以降、私は義父の家に頻繁に通うようになりました。

夫には「お義父さんの体のことが心配だから」と言っているのですが、逆に毎回すごく無理をさせてしまっているんです。

だけど、ほんとうに長生きしてほしいと思ってるんですよ。だって、義父とのセックスは最高なんですもの。

同窓会で再会した初恋相手を誘惑……互いの性春を取り戻す絶頂中出し姦！

木田雅美　パート勤務　四十八歳

ふだんの生活では忘れていて、ほとんど思い出すこともないのに、ふとしたことで実は全然忘れていなかったことを思い知らされることがあります。

会社勤めを通じて知り合った夫とは、結婚二十年になります。退職して二人の子どもに恵まれ、息子は大学生、娘は高校に通っています。まだもう少し手はかかりますが、そろそろ子育ての終わりも見えてきました。

家計と学費の助けにと、数年前からパートに出ていますが、働くのは苦ではなく、かえって楽しみになっていて、夫の定年退職までは私も勤めようと思っています。

あと何年かで五十歳になりますが、ちょうど半世紀なわけで、よくここまでがんばって生きたなあと感慨深く、自分をほめてやりたいというか、そろそろ人生を振り返る時期に来ているのかもしれません。

青春・朱夏《しゅか》・白秋・玄冬《げんとう》などと言いますが、酷暑の夏を生き抜いて、いまはちょうど人生の秋を迎えたところなのでしょう。

これは私だけの思いではないらしく、同窓会の通知が多くなりました。私も都合がつく限り出向くようにしています。先日も中学校の同窓会があり、そこで私は、再会した昔の同級生と一夜をともにしました。一言で言ってしまうと簡単ですが、私にとってはとても意味深い出来事だったのです。

彼は石橋洋《いしばしひろし》といって中二の同じクラスでした。席が隣で、よく話したり筆記用具の貸し借りがありました。そして私は、ひそかに彼に片思いしていました。

よくある話です。特別なことは何もなく、三年で違うクラスになり、卒業してそれきりでした。彼はどんな大人になっているだろう？　そう思わなかったわけではありませんが、特にそれが同総会出席の理由というわけではなかったと思います。

中学時代の淡い片思いなんか、ほとんど思い出すこともない遠いかすかな記憶のはずでした。

でも、同窓会会場で彼の顔をひと目見て、それが大きなまちがいであったことに気づきました。

心臓が口から飛び出すくらいの衝撃を受けました。彼はカッコよく、あのころと何も変わらない魅力を放っていました。つまり私は、彼への恋慕《れんぼ》をちっとも忘れてなんかいなかったのです。

だからといって、すぐに具体的な行動に出たわけではありません。私は大人で、家庭も仕事もあり、分別だってあります。中学時代に傷つくことを恐れて告白できなかった思いです。大人になっても傷つくのは同じように怖い。いいえ、傷つくことへの恐れは、かえっていまのほうが大きいかもしれませんでした。

ここで無様に振られるより、淡い思いは思い出のままひそかにしまっておこう。そう決めて彼に話しかけました。会話ははずみ、思い出話から近況までいろんなことを話しました。いまでも私たちは仲よしで、それで十分でした。

「いまだから言うけど、あのころ、俺、ほんとうは君のことが好きだったんだ」

女の、少女の、夢。そんな言葉を、自分が聞くことができるなんて、私は耳を疑いました。でもまちがいなく、彼は私にそう言いました。

他県在住の彼は、会場になったホテルに部屋を取っているようでした。そのホテルは山沿いにあり、紅葉のシーズンということもあって、ほとんど満室で、一泊の部屋を確保するのにキャンセル待ちをしなくてはならないくらいだったそうです。

私はもう、彼が宿泊する部屋に誘ってもらうことしか考えられなくなりました。部屋の窓から見えるライトアップされた紅葉を見たいとかなんとか、彼に誘ってもらうために自分が何を言ったのか、どんな言葉が決め手になったのか全然わかりません。もしかすると、彼も最初からそのつもりだったということもあるかもしれません。

とにかく私たちは、そろって二次会を欠席し、いったん帰るふりをして乗り込んだタクシーで私がホテルに折り返すのを、彼が部屋で待ってくれることになりました。

部屋番号が嘘だったらどうしよう。ドアを開けてもらえなかったらどうしよう。告白は彼の冗談か気の迷いだったのではないだろうかと、ホテルに戻るまでの道のりを、文字どおり一日千秋《いちじつせんしゅう》の思いで過ごしました。実際には、ほんの三十分ほどでタクシーはホテルに到着し、彼はちゃんとドアを開けて私を招き入れてくれました。

窓の外の紅葉を見ながらルームサービスのワインを飲んで、私たちは抱き合いました。彼のキスは優しく、中学生のころには考えられないくらいのスマートさでした。抱きすくめられて陶然《とうぜん》となりながらも、今日はお風呂に入っていないことを思い出しました。

「ねえ、シャワーを借りてもいい？」

キスを中断して、私はシャワーを借りました。そのあたりが大人の分別ということでしょう。情熱に任せてそのまま抱き合えるのは、若者の特権なのです。

衣服をハンガーにかけて、ホテル備えつけのガウンを着てから、あらためて抱き合いました。見せられるような体でもありませんから、裸になる前に部屋の灯りは消してもらいました。部屋を暗くすると、窓の外のライトアップされた庭の紅葉が美しく見えました。花盛《ざか》りの春も悪くありませんが、秋の紅葉もとてもいいものです。いまの私たちみたいでした。

ベッドに寝そべり、二人とも全裸で抱き合いました。スポーツマンだった石橋君は、肩幅もあり、腕も太く、抱かれたときの感触が夫とはずいぶん違っていました。お腹もあまり出ていなくて好感が持てました。

私たちは再びキスを交わしました。唇を合わせるだけのことですが、中学時代にはそれだけでもたいへんなことだったものです。もちろん石橋君とも誰ともキスしたことはありませんでした。でも、したいと思う気持ちは十分にあって、頭の中はそれでいっぱいだったと言っても過言じゃありません。とても損したような気がします。だからこそ、損を取り返すつもりで私たちは唇をむさぼり合うのでした。

石橋君の唇が、私の唇を離れて顎から首筋に向かいます。ざわっと快感の鳥肌が立ちました。舌先が首筋から、鎖骨を経て、待望の乳房に至ります。

恥ずかしい。でも、うれしい。手が伸びて左右の乳房を優しくつかみます。十本の指先が私の乳房にめり込むのが、心地よく感じられました。弾力を確かめるように、重さをはかるように、石橋君は熱心に私の両の乳房をもみしだきます。

舌が左右の乳首を交互に狙って繰り出されました。ぺろぺろといじられて、そのたびにビリッとしびれるような快感がありました。

「あん、あ、あ、あんん……！」

こびを含んだ甘い喘ぎが洩れます。もっと。もっと感じたい。もっと感じさせてほしい。その思いにこたえるように、石橋君が乳首に吸いつきました。乳首をしっかりと口に含んで、ちゅうちゅうと音を立てて吸い上げます。同時に口の中で舌先が乳首に絡みつくのです。

ひとしきり右の乳首に吸いついたら、今度は左です。そして吸いついていないほうの乳首は指先でつまんで、くりくりねちねちとこねくり回すのでした。

「はぁあん、あふぅうんん……！」

こんなに熱心におっぱいにむしゃぶりつかれるのは、授乳のとき以来かもしれませんでした。でも、もちろん、石橋君は乳幼児ではありません。ただ、むやみにむしゃぶりついているわけではありませんでした。指先でこねるにしても、唾液のうるおいがあったほうが密着度も高まり、気持ちがいいわけで、舌で舐めたり指先でこねたりを左右交互に繰り返すのは、常に唾液を補充して乾いてしまわないようにするためだと、すぐに気づきました。

それこそ大人の気遣いでしょう。乳幼児どころか、もうお互いに中学生でもないのです。私もただ愛撫されているだけではいられませんでした。

身をよじらせて刺激に反応しながらも、おっぱいに夢中な石橋君の後頭部を右腕で抱え込むようにして優しくなでます。そして左手で彼の下半身をまさぐりました。

指先が陰茎にふれました。もうそこは臨戦態勢で、しっかり勃起していました。

「すごい。もう、こんなになってる。若いのね」

私がそう言うと、石橋君はまんざらでもないようでした。

「中学生のころはもっと勃《た》ってたよ。授業中にも意味なく勃ったりして。持て余すくらいむだに元気だった」

そういうものなのでしょう。男子の事情はよくわかりませんが、若さを持て余すという感覚は女子にもわかる気がしました。

「いまはむだなく、必要なときに必要なだけ〝元気〟なのね？」

そう言って、私はペニスを逆手に握るように指を絡ませました。ぴくんと反応する陰茎がとてもいとしく思えました。

「そうありたいと思ってはいるけどね。でもやっぱり、全盛時代のチ○ポを君に見せたかったたな」

冗談めかしてそう言う石橋君でしたが、それは私も同じ思いでした。

「私のほうこそ……いちばんきれいなときの裸を、石橋君に見せられたら、どんなによかったかって思ってるところなんだけど」

「君はいまでも、すごくきれいじゃないか」

すかさず、そう言ってくれるところが、また大人でした。でもお世辞ばかりではない本心のように聞こえたので、そこは素直にうれしく思いました。

「ねえ、舐めてあげようか？　口でしてあげる」

私は絡めた指でペニスを軽くしごきながら言いました。

「うれしいね。それはぜひお願いしたいけど……実は俺も、君のここを舐めたいと思ってるところだったんだ」

そう言いながら、石橋君は私の割れ目に指をすべり込ませてきました。そこは溢れる愛液で、もうとっくにびしょ濡れでした。

「もうこんなになってる。おっぱいだけでこんなに濡らしちゃったの？」

「いけない？　というか、私、キスだけで濡れてたかも」

ほんとうのことを言うと、この部屋に招き入れられたときから、あるいはタクシーに乗っているときから、いいえ、同窓会会場で石橋君をひと目見たときから、私のアソコは濡れていたかもしれません。それくらいに、私にとっての石橋君との再会は官能的なことだったのです。

「どうする？　どっちが先に舐めようか？」

問いかける石橋君に、私はにっこり微笑んで答えました。

「じゃあ、舐めっこしましょうよ」

シックスナインの格好で、私たちはお互いの股間に顔を埋めました。ペニスを口いっぱいに頰張って、亀頭に舌を絡めつつ、頭を前後に振ってピストンします。尿道口からにじみ出すカウパー腺液の味がしました。シャワーだけでは流しきれない男性の性臭が鼻をつきます。それは好ましい味で、好ましい匂いでした。

茎に絡ませた指で根元あたりをしごき、溢れ出す唾液は親指で茎に塗り伸ばしました。少しでも相手が気持ちよくなるように行為に集中しようとしますが、クンニリングスされながらですから、そうもいきません。

ともすれば、クリトリスが受ける刺激に、背筋がそり返るほどの快感を得て、フェラチオがおろそかになってしまいます。でも、私が感じている様子は石橋君を喜ばせてもいるようですから、それはそれでいいのかもしれませんでした。

「ねえ、指、ちょうだい？　指を入れてほしいの」

思わず、自分からおねだりしてしまいました。言ってから、ちょっとはしたなかったかもしれないと、恥ずかしくなりましたが、石橋君は気にする様子もなく、ちゃんと要望どおりにしてくれました。

無骨な指が、膣口を突破して侵入してきました。

「ああ、中、気持ちいい……指、気持ちいいの！」

指が膣内の敏感なところを刺激し、かき回される感覚に、つい我を失ってヨガリ狂いそうになりましたが、なんとか、フェラチオを続けることを忘れませんでした。

どのくらいそうしていたでしょう。私たちはあらためて抱き合ってキスしました。さっきまで、お互いの性器を口唇愛撫していたその口と口で交わすキスは、深い趣《おもむき》がありました。

石橋君が私の脚を開かせて、その間に体を割り込ませました。亀頭が陰唇をかき分け、膣口に押しつけられます。いよいよ、石橋君のおち○ちんが私のアソコに入るのです。期待で胸がいっぱいでした。

「あ、あ、あ……！」

石橋君が腰に体重を乗せ、ずぷずぷと私の中に入ってきました。潤沢な愛液にうるおう膣内は深くペニスを呑み込み、いちばん奥まで迎え入れました。

「気持ちいい……」

全身を貫く快感に、私は思わずそうつぶやいて、石橋君に抱きつきました。愛情が込み上げ、同時に切なさが沸き起こりました。

「ねえ、どうしてあのころに、好きって言ってくれなかったの？」

思わずそう言いました。

「振られるのが怖かったからさ……」

石橋君が答えます。

「私だって好きだったんだから。振るはずなんかないじゃない」

でも、ほんとうのところどうだったかはわかりませんでした。もし恋人同士になっていたとしても、世間知らずの中学生同士ですから、いい関係は作れなかったかもしれない。むだに傷つけ合って、お別れしていたかもしれません。

少なくとも、シャイで奥手だった私たちが、中学時代にこうして抱き合うことはなかったでしょう。私たちが愛し合えるのは、いまだからこそでした。

「ああ……気持ちいい！」

石橋君が深く腰を突き入れ、亀頭先端が膣内最奥部をあらためて刺激します。私たちはお互いにしがみつくように抱き締め合って、十分すぎるくらいに大人になった、お互いの性器の感触を確認し合うのでした。

腰が引かれ、また突かれます。ピストンでした。私も腰を振ってこたえました。出たり入ったり、しっかりと勃起したペニスが膣内の肉をこすります。最初はゆっくり、だんだんと動きが速く、強くなっていきます。

「ああ、もっと、もっと！　すごいの……すごく気持ちいいの！」

石橋君がベッドに両手を突っ張って、身を浮かせました。腕立て伏せの格好です。抱き締めてもらえないのは淋しいけど、確かにそのほうが腰の動きがダイナミックになり、アソコに受ける衝撃は大きくなりました。それに快感も増します。

「ああ、素敵。気持ちいい……」

さらに石橋君が身を起こして、あおむけに寝そべる私の体との角度が直角に近くなりました。

「ああ！」

角度の変化で、ペニスのこすれる箇所が変わりました。亀頭の上の部分が、膣内前面を刺激します。そこは同じ膣内でも神経が集中しているのか、とても敏感な部分でした。

「ああ、そこ、そこ、すごい！　すごく感じるところ、やだ、だめ……それ、気持ち、いいいっ！」

あまりの衝撃と快感に、勝手に背筋がそり返り、腰がうねります。すると膣内のペニスが安定せず、ともすれば抜けそうになるので注意が必要でした。

私が腰のうねりをこらえようとする動きを察して、石橋君が両手でつかんで押さえつけてくれました。それで私も安心して、快感に身をまかせることができました。

「ああ……いい！」

でも、そうすると、一人ほったらかしにされたようで不安になりました。抱き締めてもらえないのは仕方ないとしても、せめて手をつないでほしい。

手を伸ばしてまさぐり、私の腰をつかむ石橋君の手に自分の手を重ねました。

「ねえ、手を、手をつないで……」

石橋君が私の両手を握ってくれました。右と左、左と右。向かい合ってお遊戯か何かのようにです。必然的に腰から手が離れてしまいますから、また結合が安定しないかと危惧《きぐ》しましたが、そんな心配は不要でした。

どれだけ背筋がそり返り、腰がうねっても、両手でしっかり繋ぎ止められているから、ペニスが抜けてしまうことはありません。それどころか、軽く引っぱられるだけで、より深くに届くのでした。

「ああ、深い、深いよ……気持ちいいの！」

アソコの奥で力強いピストンを十分に味わいながら、手を握り合っている安心感もありました。

すると今度は、石橋君が握った両手をぐいと引きました。ボート漕ぎのように強く引き寄せられて、私の上半身がベッドを離れて起き上がりました。

不安定な体勢に思わず手をついて支えます。離れて自由になった石橋君の手が、また私の腰に回りました。

私たちは向かい合って、体育座りをするような格好になりました。相変わらず、性器と性器は深く結合したままの状態が保たれています。石橋君は私を支えながらのその姿勢ですから自由には動けません。ピストンを続けるには、私が動かなくてはなりません。こんな体位は夫とも経験ありませんでしたが、さいわい、どうやって動けばいいかは体が知っていました。

私は、ベッドについた両手を突っ張って腰を浮かせ、その状態で前後に体重移動しありません。快感は保たれましたが、問題がないわけではありません。

「あ、ああ、恥ずかしい……」

この体勢でのピストンは、相手の目の前にアソコを突き出すことになってしまいます。ペニスが出たり入ったりする様子が、丸見えなのでした。

いくら電灯を消していても、ライトアップされた庭からの照り返しもあります。私のアソコが貪欲におち◯ちんを咥え込んでいる様子が、薄暗がりの中でもはっきりわかるはずでした。

でも、快感を手放すことはできません。腰の動きは、止めようと思っても自分では止められません。腰が自分の意志を持ったかのように、勝手に動いてしまうのでした。

「いやっ……恥ずかしいから。ねえ、あんまり見ないで……」

私は激しく腰を動かしながらも、なんとか片方の手を伸ばして、陰部を隠そうとしました。でも、その手は優しく払いのけられました。

「わかったよ。見ないから」

そう言って、私の手の代わりに石橋君がアソコをおおってくれました。これで見られずにすむと安心している場合ではありませんでした。彼の指が、私のクリトリスを刺激しはじめたからです。

「ああ！　いま、そこ？」

「見てないよ。アソコはちゃんと隠してる。見られなきゃいいんだろ？」

石橋君の人差し指と親指がクリトリスをつまみ、くりくりとこねます。最初からそのつもりだったようです。ペニスを深々と咥え込みながら、クリトリスを刺激されるなんて……。

「あん、もう、そんなのずるい！」

でも、そんなずるさも、また好ましく思えてしまいます。そういえばそうでした。そういう茶目っ気も、中学生のころからの石橋君の魅力でした。私も負けてはいられません。

「そんなことするなら、こうだから！」

私は勢いをつけて起き上がり、石橋君を突き飛ばしました。そのままベッドにあおむけに押し倒して、その上に乗っかりました。ペニスが抜けそうになりましたが、腰を押しつけてなんとか結合を保ちました。

「そういうとこ、全然変わらないな……」

逆にそんなことを言われてしまいました。そうです。私たちはそういう関係でした。そんなやり取りは、まるで二人して中学校の教室に戻ったみたい。なつかしさのあまり、私は思わず泣きそうになりました。

「え？　どうかした？」

私の目に浮かんだ涙に気づいた石橋君が、あわてて半身を起こしました。

ここは、教室ではなくてホテルの一室。そして、私たちは人生のスタートラインに立つ中学生ではなく、すでにコースを駆け抜けてひと息つく中年です。涙ではなく、笑顔でなつかしむべきなのです。

「なんでもない。それより石橋君、萎《な》えてんの？　中折れとか許さないんだから」

そう言い捨てると、私は再び下半身に意識を集中して、腰を回し、石橋君の胸に置いた両手を突っ張って、上下にピストンを始めました。石橋君もリズムを合わせて下から突き上げてくれました。

「ああ、いい……これもすごく気持ちいい！」

騎乗位というのでしょうか。これも初めてする体位でした。恥も外聞もなく、私は相撲取りの蹲踞《そんきょ》の格好になり、激しく腰を振り、尻を振り立てるのでした。

「ねえ、私、もうイッちゃうかも……石橋君もイケる？　いっしょにイッて？　いっしょにイこう？」

絶頂を目の前にして、私はうわごとのようにそう言いました。

「俺たち、着けてないけど。大丈夫なの?」

「大丈夫。もうアガッてるから」

閉経すれば妊娠の心配はありません。つまらないことを気にせずにセックスできるのは、大人の特権でしょう。

「ああ、イク、イク、イク! イッちゃう……イッちゃうよう!」

私は大声で叫びながら絶頂に達しました。同時に膣内でペニスが破裂するみたいに射精するのを感じました。大量の精液が膣内を満たし、私の心も幸福感に満たされるのでした。


夢のような一夜を過ごし、彼といっしょに朝を迎えました。朝食に誘われましたが断りました。連絡先は交換しませんでした。おそらく、もう二度と会うことはないでしょう。それでもいいのです。

青春の忘れ物を、夏を過ぎた秋に取り戻し、来《きた》るべき人生の冬に備える。そういうことだったと、私は考えているのです。

憧れの幼馴染みと奇跡の遭遇をした私
三十五年の時を超えた感涙セックス！

古賀隆二　会社経営　五十歳

取引先相手との商談をすませた私は、安堵《あんど》の表情で銀座を歩いていました。近場に静かで落ち着ける喫茶店があり、仕事の成果を一人味わおうと思ったのですが、路地を曲がったところで思わぬ出来事が待ち受けていたんです。

小さな画廊の立て看板に記された「林美智《はやしみち》」という名前を目にした瞬間、私は思わず「あっ！」という声をあげました。

十五歳のときに離ればなれになった初恋の人と、同姓同名だったからです。

私と美智は近所に住み、幼稚園のころからの幼馴染でした。

小学一年のときに風呂に入って男女の体の違いを知り、小学三年のときにお医者さんごっこをして性的昂奮を知り、中学一年のときにファーストキス、中学三年の初体験も、けっして忘れることのない記憶として頭の中に刻まれていました。

当時はまだ若く、恋人というよりも幼馴染の延長という認識でしたが、ずっとこのままいっしょにいるものだと思っていたんです。

別れは寒い風が吹きはじめた中三の秋、突然やってきました。

彼女は、外交官をしている親の転勤でイギリスへ行ってしまったのです。

家の前で車を見送ったときの、心まで冷たくなるような感覚は、いまだに忘れられません。

その後は何度か手紙のやりとりをしましたが、やがて間隔が開くようになり、高校を卒業するころには途絶えてしまいました。

大学に入ると恋人が出来、青春の日々を謳歌《おうか》し、就職に結婚、さらには独立と、忙しい日々を過ごしている間に数十年が過ぎていました。

胸の奥が甘く痛み、彼女との思い出が走馬燈《そうまとう》のように頭の中を駆け巡りました。

彼女も絵が好きな女性でしたが、過去にインターネットで検索したことがあり、画家になったという情報は一件もヒットしませんでした。

同姓同名の別人だろうと思いつつ、大きな窓ガラスから中をのぞき込んだところ、白いパンツスーツを着た品のいい女性がたたずんでいるではありませんか。

顔まではっきり見えず、心臓をドキドキさせながら出入り口の扉を開けると、女性が振り向き、大きな衝撃とともに時の流れが止まりました。

涼しげな目元、すっと通った鼻筋、肉感的な唇と、昔の面影を残した彼女はまぎれもなく美智だったんです。

「……あ」

彼女もすぐに私を認めたらしく、しばし愕然としていました。

「み、美智？」

「りゅ、隆《りゅう》ちゃん？」

「そ、そうだよ、俺だよ！」

すぐさま駆け寄り、彼女への思いが心の内からほとばしりました。

当時から天使のように美しかった美智が、私のイメージのままに魅力ある大人の女性になっていることに感動しました。

話を聞くと、絵は趣味で描いていたらしく、これだけうまいのなら個展を開いてみないかと、知人から誘われたそうです。

てっきり独身かと思ったのですが、左手の薬指には指輪がはめられており、絵を描くときは旧姓で通しているとのことでした。

簡単な近況報告をすませたあと、私たちは連絡先を交換して別れました。

積もる話もありますし、とてもこれで終わりにはできません。

おそらく、彼女も同じ気持ちだったのではないかと思います。二日後の夜、私は胸をときめかせながら電話し、三日後の土曜日に会う約束を取りつけました。

あのときの気持ちを表現すれば、初めてデートしたときのような心境でしょうか。

場所は同じ銀座の喫茶店で、昼過ぎに会い、私たちは時間がたつのも忘れて語り合いました。

同時に、美智に対するかつての恋心がよみがえっていったんです。

はたして、彼女はいま自分をどう思っているのか。気にはなりましたが、恥ずかしくてそんなことは聞けません。

気がつくと二時間も過ぎており、喫茶店をあとにした私たちは、肩を並べてみゆき通りを歩きました。

このまま、別れたくない。落ち着ける場所で、もっとゆっくり話したい。

言葉で思いを告げる代わりに、私は彼女の手を握りしめました。

「やだ、何してるの？」

「いや、なんとなく、昔を思い出して……」

照れくさげに答えると、美智は微笑を浮かべて手を握り返してきました。

ひょっとして、彼女もその気があるのではないか？

そう考えた私は、たどたどしい言葉で誘いをかけました。

「こ、このあと……どうする？　食事とか、飲みにいくとか……」

「ごめんなさい、あまり遅くなれないの」

「そ、そ、そうだよね！」

「でも……このまま別れたくはないかも」

頬をポッと染めた美智の、なんと愛らしかったことか。

全身の血が沸騰し、男の分身がズキンと疼きました。

「ふ、二人きりになれるとこ、行かない？」

ためらいがちにうなずいた彼女を目にしたときは、オーバーではなく、この世がバラ色に見えました。

私たちはタクシーに乗り込み、赤坂まで移動してラブホテルに入りました。

三十五年の時を超え、二人だけの時間を共有している事実が信じられず、夢なら覚めないでくれと思ったほどです。

先ほどまではなめらかだった口も緊張でこわばり、部屋に到着するまで会話はほとんどありませんでした。

いや、もう言葉はいらなかったのかもしれません。

室内に足を踏み入れたとたんに気持ちが抑えられず、私は美智を抱き締めて口元にソフトなキスをしました。

甘い香水の香りも胸に受けるバストの感触も少女のときとは違いましたが、好きだという思いだけは、昔と少しも変わりませんでした。

彼女は私の首に手を回し、積極的に唇をむさぼったあと、温かい舌を口の中に挿し入れました。

「ン、ふっ、ンふぅ」

舌を絡めると同時に唾液ごと激しく吸われ、情熱的なキスに脳みそがとろけ、ペニスがズボンの下でグングン膨張しました。

ここ数年は精力の減退を自覚していたのに、全身にみなぎるパワーには自分でもびっくりするばかりでした。

見かけは少女のときと変わらず、ほっそり体形なのですが、胸はもちろん、ヒップも豊満で、熟女の魅力をムンムン放っていたんです。

私はキスの最中にワンピースのすそをたくし上げ、弾力感溢れるヒップを手のひらでなで回してわしづかみました。

「あ、ふンっ」

色っぽい声をあげながら腰をくねらせる姿に酔いしれた瞬間、股のつけ根に快感が走りました。

なんと美智が負けじと、股間のふくらみを握り込んできたんです。

「お、おふっ」

「すごい……コチコチだわ」

彼女は唇を離しざま小声でつぶやき、目元を赤らめました。

ハの字に下がった眉、うるんだ瞳、濡れた唇。悩ましげな顔にノックアウトされ、もはや自制心は少しも働きませんでした。

私はジャケットを脱ぎ捨てるや、彼女をベッドに連れていき、かけ布団を剝ぎ取ってシーツに押し倒したんです。

「ちょっ……」

「はあはあ、み、美智が欲しいよ」

「だ、だめよ、シャワーを浴びさせて」

「もう我慢できない!」

「あ、ンっ」

首筋に吸いつきつつ、再びワンピースのすそをまくり上げ、今度は太腿をなでさすりました。

すでに肌はしっとり汗ばんでおり、内腿沿いから鼠蹊部に這わせると、さらなる湿り気を帯《お》びました。

「はぁぁ、だめ」

いやよいやよと言いながらも、美智はそれほど抵抗せず、やがて指先はショーツの中心部をとらえました。

とたんに腰がまたもやくねりだし、布地を通して愛液が指に絡みはじめたんです。

性感がよほど発達しているようで、熟女の乱れた姿に昂奮のボルテージがなおさら上昇しました。

旦那さんから開発されたのか、独身時代に何人の男が彼女の体を通り過ぎたのか。

軽い嫉妬《しっと》に駆られたものの、性欲が怯《ひる》むはずもなく、私はショーツを強引に剝きおろしました。

「あぁン、やぁっ」

さすがに彼女は手首をつかんで制したものの、総レース仕様のセクシーランジェリーが視界に入った瞬間、理性は遙か彼方へと吹き飛んでしまったんです。

おそらく、美智も期待して淫らな下着を身に着けてきたのでしょう。

ショーツを足首から抜き取り、すかさず股間に顔を埋めようとしたところ、彼女は両足をぴったり閉じて抵抗しました。

それでも、野獣と化した私の性衝動は止められません。

腕の筋肉を盛り上げ、強引に割り開くと、楚々《そそ》とした陰毛とこんもりした恥丘のふくらみが目を射抜きました。

「お、おおっ」

「だめだったら……あ、ンぅ」

すかさず股の間に顔を割り入れ、花園の匂いをクンクン嗅ぎました。

石鹸の香りが鼻先をかすめたので、美智は会う前にシャワーを浴びてきたのだと思います。それも一瞬のことで、甘ずっぱい匂いになまなましい媚臭が立ちのぼり、胸いっぱいに吸い込めば、脳の芯がビリビリ震えました。

局部にかぶりつき、無我夢中で舐め回すと、愛液が次から次へと溢れ出し、口の周囲は瞬時にしてベタベタになりました。

「やぁぁン」

上目づかいにうかがえば、彼女は顔をそむけ、苦悶《くもん》の表情をしていましたが、とてもいやがっているようには見えません。

初体験のときはなかなかうまくいかず、愛液もほとんど溢れていませんでした。やっぱり大人になったんだなと思う一方、射精願望は限界に達し、これ以上はとても我慢できませんでした。

まるで少年時代に戻ったかのようにあせりまくり、一刻も早くひとつになりたいという欲望に衝《つ》き動かされました。

いまにして思えば、こちらは大人の余裕をまったく見せられず、ちょっと情けなかったなと思います。

私はクンニリングスの最中にシャツを脱ぎ捨て、ズボンをトランクスごと剝きおろしました。ビンと弾け出たペニスは痛みを覚えるほどいきり勃ち、鈴口には先走りの汁がにじんでいました。

それほど昂奮していたのでしょうが、あんな現象も何年ぶりのことだったか。

逸《はや》る気持ちを抑えられずにズボンを脱ごうとしたのですが、靴下が引っかかり、足首から抜けないんです。

焦燥感《しょうそう》に駆り立てられた直後、女とは思えぬ力で胸を押され、私はあおむけにひっくり返りました。

「ずるいわ……隆ちゃんばかり」

「……え？」

美智はそう言いながら甘く睨《にら》みつけたあと、靴下に続いてズボンと下着を脱がせ、股を大きく開かせました。

「あ、ちょっ……」

「今度は、私の番なんだから」

「は、恥ずかしいよ」

実は私もシャワーは浴びてきたのですが、大股開きで下腹部丸出しではさすがに恥ずかしさのほうが勝りました。

「私にだって、無理やりしたでしょ？」

「いや、それは……」

「隠しちゃ、だめ」

彼女は勝ち誇った笑みを浮かべたあと、硬直した逸物をシュッシュッとしごき、身を屈めて裏筋に舌を這わせました。

「お、おおっ」

中学のときはオーラルセックスは経験しておらず、期待感と羞恥心が交互に襲いかかり、私はただ惚《ほう》けるばかりでした。

イチゴ色の舌が裏筋を這い、胴体にソフトなキスが何度も浴びせられました。

「はあ、はあ、はあぁっ」

なかなか咥えてくれず、じらしのテクニックに性感が昂り、私はひたすらうわずった喘ぎ声をあげていたのではないかと思います。

そのうちに腰がくねりだし、ペニスが待ちきれないかのように頭を振りました。

唾液にまみれていくペニスが妖しく濡れ光り、心臓が張り裂けんばかりに高鳴ったところで、美智は上品な唇をかすかに開き、ようやく亀頭冠を小さな口の中に招き入れてくれたんです。

「は、おっ!」

「ン、ンふぅぅっ」

じゅぷぷぷという音とともに、ペニスを根元まで呑み込まれたときは、ほんとうにびっくりしました。

「む、むむっ」

「ンっ! ンっ! ンっ!」

彼女はすかさず首のスライドを開始し、唇の端から大量の唾液を溢れさせ、リズミカルなピストンと鼻から洩れる色っぽい吐息に、腰の奥が甘くしびれました。

しかも顔をS字に振り、きりもみ状の刺激を与えてくるのですからたまりません。

私は両足を突っ張らせ、いつの間にか苦悶の表情で悶絶していました。

「くっ、くっ、あおおっ」

射精欲求はまたたく間に頂点に導かれ、両足の太腿の筋肉が早くも痙攣を始めました。

口だけでイカされるわけにはいきませんでしたが、よほど昂奮状態にあるのか、こらえようとしてもこらえられない情欲が逆巻くように込み上げました。

「そ、そんなに激しくされたら……イッちゃうよ」

「……だめよ」

美智はペニスを口から抜き取り、鼻にかかった声でたしなめました。

そして、自らワンピースのファスナーをおろしはじめたんです。

ショーツとお揃いのブラジャーが露《あらわ》になり、くっきりした胸の谷間に目が釘づけになりました。

思わず身を起こせば、彼女は腰を浮かしてワンピースを脱ぎ、ブラジャーのホックをはずして乳房をさらけ出しました。

「お、おっぱい、大きくなったね……はあ、はあっ」

「ふふっ」

「な、何がおかしいの？」

「だって……隆ちゃん、全然変わらないんだもの」

「何が？」

「強引なところもエッチなところも、鼻の穴を広げる顔も」

「え、そ、そう？」

あわてて鼻を手で押さえたものの、腕で隠した乳房が悩ましげな盛り上がりを見せ、いかにも柔らかそうなフォルムに鼻息を荒らげました。

「……きゃっ」

私は美智に飛びついて押し倒し、乳房をもみしだいては舐め回したんです。

力を込めずとも、乳丘は楕円に形を変えて手のひらからはみ出し、ピンクの乳首がツンと突き出ました。

口に含んで舐め転がせば、美熟女は切なげな表情に変わり、またもや湿った吐息をこぼしました。

「はあぁ、入れて」

「い、いいの？」

「入れて」

嬉々《きき》とした私はすぐさま顔を上げ、両足の間に腰を割り入れました。

ペニスはギンギンにそり勃ったまま、いまにも破裂しそうなほど張りつめており、彼女の二枚の花びらも外側に大きくめくれ上がっていました。

「い、入れるよ」

「来て、あ、あ、あ……」

じゅくじゅくした割れ目に亀頭の先端を押し当てた瞬間、膣内粘膜がうねりながらペニスを手繰り寄せました。

カリ首が膣口をくぐり抜けたときの快感は、いまでもはっきり覚えています。

ぬちゅんという音に続き、ペニスは膣の中をなめらかに突き進み、すでにこなれた媚肉が上下左右から胴体をしっぽり包み込みました。

少しでも油断をすれば発射してしまうほどの快感に、どれほどの幸福感を味わったことでしょう。

「あ、はぁあっ」

ペニスが根元まで埋め込まれると、美智は私の背中を手のひらでバチンと叩き、強い力で抱きついてきました。

膣内は火傷《やけど》しそうなほど熱く、また柔らかくて、初体験のときに感じたひりつきや抵抗感は微塵《みじん》もありませんでした。

私は意識的に軽いスライドから腰を振りはじめたのですが、突けば突くほど快感が増し、射精欲求を抑えることができませんでした。

しかも、美智は嬌声をあげながら腰を派手にくねらせ、ペニスをこれでもかと引き絞ってきたんです。

「ああ、いい、いいわぁ」

「あう、そ、そんなに動いたら、我慢できないよ」

「いいわ、出して、中に出して!」

あとで話を聞いたところ、彼女もかなり昂っていたらしく、自制心がまったく働かなかったそうです。

やがて恥骨を上下に振りだし、一分一秒でも早く射精させるような激しさでした。

「あ、あ、あ……だ、だめだ」

「私もイクっ、イキそう……」

「イクっ……ぬ、おおぉぉっ!」

「はあぁ、イクっ、イクっ、イクっ、イッちゃう！」

タイミングはばっちりで、私たちは同時に絶頂を迎え、こうして彼女の中に男の証《あかし》をほとばしらせてしまったんです。

二時間の休憩の間に、私たちは体ですべての思いを伝え合い、当時とは違う肉体や反応に、長い時の流れを感じ合いました。

行為を終えたあと、中学のときに好きだと伝えていなかったことを思い出したのですが、あまりの快感に意識が朦朧《もうろう》とし、言葉が口をついて出てきませんでした。

いや、口にしなくても、私たちは三十五年の月日を、互いの肉体で埋めてしまったのです。

きっと、心はずっと繋がっていたに違いない。そう思うと、胸の奥がジーンと熱くなりました。

〈第二章〉

月明りの下で濡れる熟女の美裸身

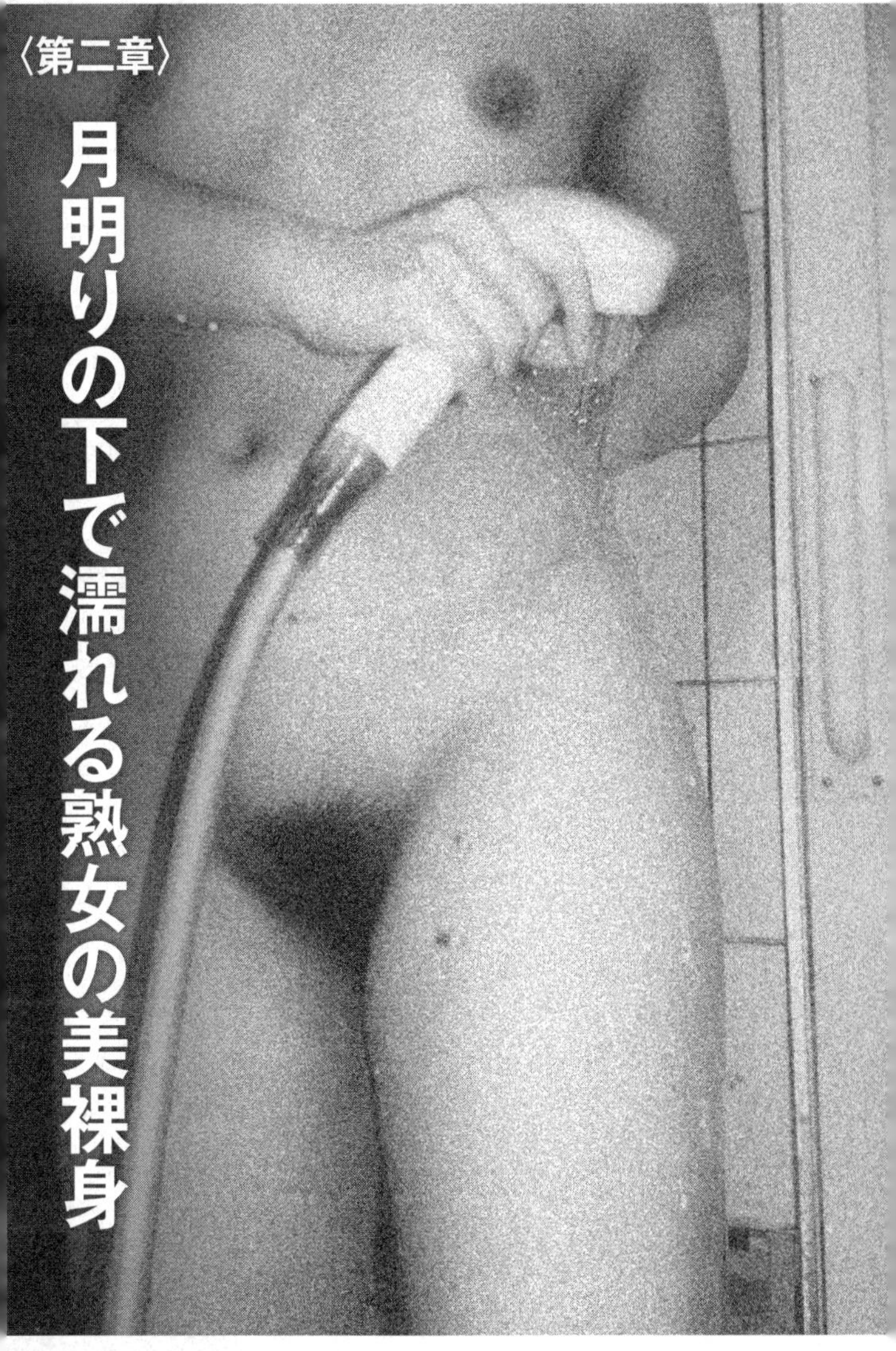

地味で大人しいバツイチ経理熟女……ハロウィンの夜に淫靡な本性を晒して

荻野美里　会社員　四十一歳

中堅機械メーカーの経理で働いている、バツイチ子なし女です。

手を上げるようなことこそなかったものの、マザコンでヒステリックだった夫と別れて十年以上になりますが、もう男はこりごりという気持ちでした。

いまは、そのときの慰謝料を頭金にしてローンを組んだ、都内のマンションに一人暮らしで、仕事以外は趣味のベランダ菜園と料理やお菓子作りに没頭しています。そんな平穏で気楽な毎日は、なんでもっと早く離婚しなかったのだろうと、私に思わせるほどです。子どもがいなかったことも、かえってよかった気がするのでした。

他人と接することが少なく、もっぱら数字を相手にしている経理という仕事も、自分に向いていると思っています。繁忙期を別にすれば、毎朝決まった時間に会社に行って定時に帰宅する、そんな生活に満足している私でした。

それでも、離婚してから私を口説こうとする男性も何人かいました。彼らが口を揃えて言うには、私は「女としてもったいない」のだそうです。スタイルがよく、年齢を感じさせない若々しさなのだから、ちゃんとメイクして、もう少し愛想よくしてほしいと言われたりもしました。

もちろん悪い気はしませんが、恋愛に興味がなかったので、聞き流していました。同様に、こちらが「素敵だな」と思う男性もたまにはいましたが、それだけの話で、何かアクションを起こすことはありません。

そんな私ですから、特に必要がなければ引っつめ髪で化粧も薄く飾り気のない眼鏡をかけた、会社では地味で目立たない存在でした。

男女を問わず若手社員からは、融通のきかない経理のおばさん扱いです。

それでも、新入社員の歓迎会や納会、社員旅行などの会社でのイベントには立場上参加しなければなりません。その程度のことは苦痛とは思いませんが、できるだけ目立たないようにしています。

イベントといえば、ここ数年、九月の終わりから十月の初めの週末になると、若い女子社員の間でハロウィンが人気のようです。仲間内でパーティを楽しむ人もいますし、仮装して盛《さか》り場に繰り出す若いコもいますが、言うまでもなくどちらも私には関係ありません。

あれは、二年前のハロウィンのことです。

その金曜日、ほかの部署はもちろん、経理部の若い女性社員も浮かれて仕事に熱が入らず、そのしわ寄せの残業を引き受けました。予定のない私にしてみれば、そのほうが気が楽です。中学生の娘がいる部長までが「家族と約束があるんだ。申し訳ないけどあとは頼んだよ、荻野《おぎの》君」と拝みながら帰ってしまい、夜の八時過ぎには経理部に私一人だけが残る状況になってしまいました。

そして、目先の仕事もひと段落し、そろそろ帰ろうかなと思ったそのときです。経理部のドアを開けて、跳び込んできた社員がいたのでした。

「電気がついていたからのぞいてみたんですが、まだ荻野さんが残っていたんですね。間に合ってよかった」

顔を出したのは、似合わない眼鏡をかけた営業部の川辺《かわべ》君でした。

「こんな時間にどうしたの、川辺君？」

「今日は大阪に日帰り出張だったんですが、新幹線が遅れてしまってこの時間になっちゃったんですよ。それで、とにかく会社に戻ってみて、もしかして経理部に誰かいたら経費の精算伝票を提出しようと思って」

それなら、今日は直帰して明日でもよかったのにと思いましたが、口には出しませんでした。経理としては、そういったものを早く提出してもらうと助かります。特に営業部の人は、清算伝票の遅れやいい加減さが目立ってましたから、ふだんから甘い顔をしたくありません。

その点で、川辺君は営業部の中では珍しい存在です。三十前後のはずですから若手というより、そろそろ中堅といった存在でしょう。とにかくまじめすぎるという評判で、遊び好きが多い営業部の中でも浮いている感じでした。

客観的に見て、顔立ちはととのっていると思うのですが、その言動で若い女子社員からは相手にされていないようです。もちろん、私にとっても単なる同僚の一人で、年齢的なこともありますが、男として意識したことなどありませんでした。

川辺君の清算伝票にざっと目を通したところ、特に問題はないようなので、それを伝えて私は立ち上がりました。

「もしかして、荻野さんは帰るところだったんでしたか？　だったら、逆に迷惑かけたんじゃないでしょうか？」

「そんなことはないから、気にしないでいいわよ」

そんなやり取りを交わすうちに、最寄りのターミナル駅までいっしょに帰ることになりました。ふだんなら口実を作って別々に会社を出るところですが、ハロウィンで駅周辺がお祭り状態になっていることを考えると、興味がないとはいえその中を一人で帰るのがさびしくもあり、少し不安だったせいもあります。


制服から地味なスカートにカーディガンの私服に着がえた私と、濃紺のスーツ姿の川辺君、ともに眼鏡をかけた二人はハロウィンの雑踏の中で明らかに異質でした。

「このところ毎年のこととはいえ、すごいものですね」

川辺君が、あきれたように苦笑しました。

駅までの約十分間、次から次へと奇抜な仮装をした若い男女とすれ違います。中には酔っ払って騒いでいる集団もいて、川辺君がいっしょでよかったと思いました。

すると、前方からやってきた人気アニメのコスプレをした男女四人が立ち止まり、こちらをじっと見ると、その中で髪を金髪に染めた若い男性が声をあげたのです。

「あー、川辺さんじゃないですか！」

「おー、シゲっちじゃん！　久しぶりだな！」

「補導員のコスプレっすか、それ？」

「バーカ、会社が近所なんだよ。いまはまじめなサラリーマンだってての」

会社では見たことのない川辺君の表情と言葉遣いに、私はとにかくびっくりしてしまいました。

やがて彼らと別れた川辺君は、照れくさそうな笑顔で言いました。

「サークルの後輩なんですよ、あいつ。大学を卒業しても就職しないでフラフラしてて、しょうがないヤツなんですけどね。何かいろいろとなつかしくなってしまって」

「なんだったら、あの人たちといっしょに楽しんだほうがいいんじゃないの？」

「荻野さんを駅まで送らなきゃいけないのに、そういうわけにはいきませんよ」

「そこまで気をつかってくれなくてもいいのに……」

何か邪魔をしたようで申し訳ない気持ちになっていた私に、川辺君は遠慮がちな口調で言いました。

「あの、だったらなつかしさついでに、就職してから顔を出していない店が近所にあるんですけど、そこで食事をしていきませんか？　無理にとは言いませんけど」

私がうなずいたのは、申し訳なさのせいだけではありませんでした。会社で見せる川辺君とのイメージの違いに、好奇心を抱いたからです。

その店は庶民的ですが、外のハロウィン騒ぎが信じられないほどの静かなイタリアンレストランでした。

男の人と二人きりでお酒を飲むのは、久しぶりです。ふだんなら警戒感を持つのですが、会社ではまじめな川辺君が相手だったので、ワインの酔いもあって開放的な気分になっていました。最初は社内のあれこれや、それぞれの出身地のことを話題にしていたのですが、ふと、川辺君が真顔になって口を開きました。

「さっきは驚いたでしょう？」

うなずいた私に、川辺君は「会社の誰にも内緒ですよ」と前置きしてから、声をひそめて意外な経歴を話しはじめました。

それによると、川辺君は大学時代は遊びでテニスやスノーボードを楽しむ同好会に入っていたのだそうです。けれどその実態は、単に集まってきた女の子と遊ぶのが目的で、コンパばかりしている俗に言う〝ナンパサークル〟だったのだとか。さっき声をかけてきたのは、そのときの後輩だという話でした。

いまの川辺君からは信じられませんが、彼は照れ笑いを浮かべてつけ加えます。

「でも、ほんとうに好きな女の人ができちゃったんですが、そのコは純情な性格だったので、フラれてしまったんですよね。それが、ちょうど就職活動の時期と重なっていたんで、それを機会にまじめに生きようと思ったんです」

「へぇ、そうだったんだ……」

なんと返事をしてよいかわからないまま相づちを打った私ですが、誰も知らない川辺君の意外な秘密を聞かされたのが何か特別なことのような気がして、ドキドキしたのは確かでした。


二時間近くその店にいたでしょうか、外に出るとハロウィンは群衆ですごいことになっていました。たしか、終電間際がいちばん人出があると聞いたことがあります。

「昔はよく参加したものです。ほんとうになつかしいなぁ。駅までですけど、ぼくらもハロウィン気分でゆっくりと行きませんか」

ワインの酔いとドキドキの余韻が残っていた私は、今日は特別な夜になった気分でしたから、異存はありません。

途中立ち止まったりして、いろいろなコスプレをした人たちを見物しながら、ブラブラと歩くうちに、何かしら自分たちもハロウィンの参加者のような気持ちになるから不思議です。

「よそ見してると、はぐれちゃいますよ」

そのころになると、そう言って声をかける川辺君に腕をつかまれても、違和感を感じることはありませんでした。さらに、いつの間にか彼の腕は私の腰に回され、密着するように引き寄せられていました。

そのまま、川辺君は私の耳元にささやきました。

「ねぇ、今夜はハロウィンですし、まじめな荻野さんもたまには変身してみてもいいんじゃないですか？　ぼくも今夜だけは、不まじめな昔の自分の戻るつもりです」

最初はキョトンとした私ですが、いきなりその場で唇をふさがれ、やっとその意味がわかったのでした。

ハロウィンの雑踏から離れた場所でつかまえたタクシーに乗り、きちんと片づいた川辺君のマンションに上がり込んでから、私はすっかり彼のペースに巻き込まれていることを実感しました。

シャワーを借りている間、川辺君はバスルームの扉の向こうから、甘え声で「ぼくもいっしょに浴びてもいい？」と尋ねてきましたが、年齢差が頭をよぎった私は、恥ずかしいからと断りました。彼は、それでおとなしく私を待つことにしたようです。

洗面所兼更衣のためのスペースに置かれた男物のパジャマを着て、ワンルームの部屋に行くと、ベッドに腰かけていた川辺君が、入れ違いでバスルームに向かいました。シャワーの水音を聞きながら私は、ここで帰ってしまおうかとも考えました。けれど、彼が内緒にしていた過去を話してくれたことで、秘密を共有する特別な関係になってしまった気がして、いまさら立ち上がれませんでした。なにより、今夜はハロウィンです。一夜だけなら、大胆な自分になってしまおうと決めました。

やがて、シャワーの音が止まったかと思うと、川辺君が頭をバスタオルでふきながら姿を現しました。驚いたことに、川辺君は素っ裸のままで、眼鏡もはずしています。私は赤面して顔を両手でおおいました。

「荻野さんって、そういう仕草がほんとうにかわいいなぁ」

ベッドで並んで座った川辺君は左腕を私の肩に回しながら、右手はパジャマを脱がせにかかります。その間も、軽いキスから髪の生え際、耳の周辺、首筋へと唇を押し当て、舌を使いました。

私は別れた夫しか男性は知りませんが、そのおざなりだった愛撫とは大違いです。それだけでも、川辺君が女性の扱いに慣れているんだなと感じました。そのスムーズな動きにうっとりしていた私は、いつの間にかパジャマをすっかり剝かれ、下着さえも脱がされていました。

「川辺君、待って！　ちょっと待って」

「どうしたの？」

指の動きを止めた川辺君は、私の顔をじっと見つめます。

「あの、ほら、私ってもうおばちゃんだし、全部見られるの恥ずかしい」

「そんなこと、気にしなくていいよ。実は荻野さんのこと、前から魅力的だと思ってたんだ。スタイルがいいこともわかってるし、むしろ見せつけてほしいくらいさ」

そう言って川辺君は、正面から両手で私の眼鏡をそっとはずしました。

「あ、あと私、離婚してから十年くらいこういうことしてないから、ちゃんとできるかどうかわからない」

「じゃあ、半分ヴァージンみたいなもんだね。優しくするからぼくに任せて」

川辺君の口調は、繁華街で後輩と話していたときのものにすっかり変わっています。そして、その言葉どおりに、川辺君にはまるでガツガツしたところがありませんでした。巧《たく》みに指先と舌を使い、ときおり「素敵な体ですね」とか「かわいい」などとささやきます。そのたびに、私の中から、女の熱いものが溢れ出すのがわかります。

自分の欲望を満たすためというより、私をじらしてその気に仕向けるような愛撫なのです。

「今度は、ぼくのものを握ってみて」

私は言われたままに、するすると右手を伸ばし、熱く硬くなったものにふれました。

「え？」

男のものってこんなに大きかったかしら？　そう言いかけた私は、言葉を呑み込みます。といっても、比較する対象が元夫のものしかありませんけれど……。

驚きを隠し、そのまま私はまるで催眠術にかかったかのように、彼のものを軽く握って上下させます。その行為もまた女の期待を刺激して、吐息を洩らしたのはむしろ私のほうでした。

「うん、いい感じ。ぎこちない感じが、かえって初々《ういうい》しいよ」

川辺君は私の髪をなでながら、耳を甘く嚙みます。

「ああっ」

吐息とともに、私の部分からまた熱いものが溢れました。

いますぐ川辺君が欲しいと思いました。女として体が欲しているのです。あれほど男性を敬遠していたはずなのに、その仮装を剝ぎ取られたような感覚でした。

けれど、やはり川辺君はあせりません。

「荻野さんって、ぜい肉がついてないのに胸は結構あるんですね。乳首の色もきれいなピンクで、すごくエッチですよ」

ほかの男性が言ったならセクハラだと怒るだろう言葉も、彼の口から出ると、私を感じさせる魔法の言葉に思えました。

そのまま川辺君は、口にふくんだ私の乳首を舌で上下左右に細かく転がします。

「うっ！」

しびれるような快感の波に襲われた私は、思わず体をのけぞらせました。

川辺君が欲しい、彼のものを入れてほしいという気持ちがよりいっそう強まります。

そんな長いような短いような時間が過ぎて、川辺君は唇と舌の愛撫から乳首を解放してくれました。

これで、やっと川辺君を迎え入れることができる。そう思った私に、彼は意外なことを言い出します。

「ねえ、今度は荻野さんが見たいな」

「え？」

すぐには意味がわからなかった私でしたが、彼は返事を待たずに動きました。私の腰を両腕でつかんで半ば強引に浮かせると、いきなり顔を押しつけてきたのです。

さらに川辺君は、私の太腿を押し広げると、顔を埋めました。

「こっちも、きれいな薄紅色してるんですね」

「だめっ！　恥ずかしい」

熱いものが溢れ濡れている自覚もあって、あまりの恥ずかしさで反射的に腰を引こうとした私でしたが、彼はそれを許しませんでした。というよりも、彼の吐息がかかった瞬間、それだけで私は感じてしまい、抵抗するどころか自分から腰を浮かせてしまったのです。

「お尻のほうまで濡れてるよ。そんなに感じてくれたんだね」

指先でいちばん敏感な部分の皮を剝いた川辺君は、舌先で先端を突つきました。

「あぁっ、だめっ！」

甲高い喘ぎ声が、喉の奥から勝手に飛び出します。

さらに川辺君の舌先は、ピチャピチャと音を立てながら、私のあの部分を自在に動きました。

「すごくいい眺めと匂いだよ、荻野さん」

意地悪く笑った彼に、私はついに自分から求めてしまったのです。

「ああ、早くちょうだい！　いますぐ川辺君のが欲しいの！」

「荻野さんのほうからそんなこと言ってくれるなんて、ほんとうにエッチなんだね」

年下のくせに憎たらしいほどの余裕で、川辺君は硬くなった男のものを私のあの部分にあてがうと、腰を突き出します。

久しぶりなので少し不安はありましたが、十分すぎるほど濡れていたおかげで、あれほど大きいと思った川辺君のものが、ぬるりと私の中に入ってきます。

「あっ、あーっ！」

それだけで頭の中が真っ白になりかけた私は、小さな叫び声をあげていました。ところが、川辺君は私の中に途中まで入れたまま、なぜか動こうとはしません。

上になった彼の表情をうかがうと、微笑を浮かべています。それで私は、この期《ご》に及んでも、彼はまだじらして楽しんでいるのだと気づいたのです。

欲望を言葉にする余裕など、もうありませんでした。自分でもわけのわからない喘ぎを洩らしながら、私は腰を突き上げます。

「ははは、やっぱり荻野さんってエッチな女なんだ」

「意地悪っ！　意地悪なんだからっ！」

彼の背中にしがみつきながら、私は本能的に腰を動かしつづけました。というよりも、もっと気持ちよくなりたいという欲望が羞恥心を捨て去り、私にそうさせていたのです。

その動きに合わせて、私のあそこと彼のものがつながっている部分から、湿った音が聞こえました。やがて、私の内部が彼のものを強くつかんだような感覚がしたかと思うと何も考えられなくなり、体全体がビクンビクンと勝手に波打ちます。

「あーっ！　もうだめぇっ！」

私にとって、初めて味わう絶頂感でした。

そんな私をしばらく上から眺めていた川辺君は、笑いながらうなずきました。

「それじゃあ、今度はぼくが動いてあげるよ」

やっと体の震えも収まって、ぐったりとしていた私から、川辺君は男のものを抜きました。横目で見たその角度と大きさから、彼はまだ絶頂に達していないとわかります。すぐに体を入れ替え、私を四つん這いにさせた川辺君は、腰を引き寄せていきなり後ろから貫きました。

「あーっ！」

抑えようとしてどうすることもできない小さな叫びが、喉の奥から絞り出されました。

そして、今度はじらすことなく、彼は激しく動きました。

私の中で、彼のものが前後左右に荒々しく動き、そのたびにいやらしく湿った音を響かせます。

「すごいよ、荻野さん、気持ちよすぎてぼくもそろそろイきそうだよ」

「来て！　いっしょに！」

私の内部がさっきよりも強く彼のものをつかみます。その感触から、大きな快感の波が近づくのを私は知りました。

「ううっ！」

「あああーっ！」

川辺君のうめきに、私の叫びが重なります。

私の中のいちばん奥で、川辺君が放出したのを感じると同時に、私はまたビクンビクンと背中を大きく波打たせたのです。

「思ったとおり、荻野さんってほんとうはエッチな女の人だったんだね。会社で見せる姿と大違いだ」

ベッドの上で横抱きにした私の胸をなでながら、川辺君はささやきます。

私は、これまでに味わったことのなかった快感の余韻と、剝き出しの女を見せてしまった恥ずかしさで、ただぼんやりとするだけでした。

「あの、今夜のことは二人だけの秘密にしてね……」

やっと、それだけ言うと、私は彼の逞しい腕を握りました。

「もちろんさ。ほんとうの荻野さんを知るのは、ぼくだけでいい。それにしても、ハロウィンの夜に仮装するんじゃなく、お互いほんとうの姿になるなんて不思議だね」

川辺君は私の耳元で小さく笑うと、また硬くなりはじめた男のものを、腰に押し当ててきました。


結局、その週末はずっと彼のマンションの部屋で過ごしました。その間、何度交わったかわかりません。

その後、会社では二人ともまじめな人間という仮面をつけていますが、週末になるとお互いのマンションを行き来し、男と女としてほんとうの姿をさらけ出す関係になってしまいました。年齢差を考えると結婚は考えていませんが、いまはそれでもかまわないと思っています。

運動会で我が子を助けてくれた隣人に豊潤女穴で奉仕するシングルマザー！

戸田真人　会社員　四十六歳

秋になり、学校で運動会が行われる季節になると、私には決まって思い出す出来事があります。

あれは私がまだ二十歳の大学生だったときのことです。私が借りていたアパートには、向かいの部屋に母子家庭の親子が住んでいました。

母親の真由美《まゆみ》さんは、パート勤めをしている四十三歳の女性です。息子の大輔《だいすけ》くんは、まだ小学四年生です。

四年前に旦那さんと離婚し、親子でこのアパートに引っ越してきたそうです。

それ以来、真由美さんは女手ひとつで大輔くんを育ててきました。パートのかけ持ちをしていつも帰りが遅く、休日もろくに部屋にはいないようです。

大輔くんは私によくなついていましたが、父親がいないことで、いろいろとつらい経験もしてきたと聞かされました。学校では片親だといじめられたり、さびしい思いもしてきたようです。

その一つが、運動会などの保護者が参加する学校行事で、誰も見にきてくれないことです。

真由美さんは仕事の都合で、どうしても土日も手が離せません。なので毎年の秋の運動会にも、一度も見にいってやったことがないというのです。

子どもにとって運動会の楽しみといえば、見にきてくれた家族といっしょにお弁当を食べること。それを彼は、一度も経験したことがないのです。

お昼になると家族連れのいるテントを離れ、一人で教室に戻りお弁当を食べるのが、彼の運動会のお約束でした。

不憫《ふびん》に思った私は、あることを思いつきました。運動会の当日に、内緒でコンビニで弁当を買い、彼の通う小学校へ向かったのです。

当時は保護者のチェックも甘く、誰でも自由に学校へ入れました。私が大輔くんを見つけて手を振ってみせると、彼は驚いた顔をしていました。

お昼はいっしょにお弁当を食べようと誘うと、彼はとても喜んでくれました。

その日の夜、私がアパートの部屋でくつろいでいると、ドアがノックされました。

「夜遅くにすみません。どうしてもお礼を言っておきたかったものですから」

訪ねてきたのは、向かいの部屋の真由美さんでした。手にはお皿いっぱいの手料理が抱えられていました。

どうやら大輔くんが、「今日は向かいの真人《まさと》お兄ちゃんとお昼を食べたんだよ」と、うれしそうに報告したらしいのです。

「今日は、私に代わって大輔の運動会に来てもらったそうで、ほんとうにありがとうございます。あの子の、あんなに喜んだ顔を見るのも久しぶりで……」

そう言って、涙ぐんでいるのです。

真由美さんも大輔くんにさびしい思いをさせていることを、ずっと心苦しく思っていたようで、今回の私の行為が涙が出るほどうれしかったそうです。

私も心のこもった感謝をされ、気分をよくしていました。お礼の手料理も、ふだんの私の食事とは違い色どりも鮮やかで、栄養もたっぷりありそうです。

その料理以上に、この日の真由美さんはとても美しく見えました、
着ている服はいつもと変わらない、ふだん着のシャツにジーンズという格好です。特別に化粧をしているわけでもありませんが、四十歳を超えているのに若々しく、なかなかの美人です。

私たちが知り合ってから、こうして二人きりで話したことは数えるほどしかありません。もちろん、私の部屋に入ってきたのも初めてです。

おそらく真由美さんは気づいていなかったでしょうが、私はひそかに性的な目で彼女を見ていました。

だからといってシングルマザーに手を出そうなんて、そんな大それたことは考えていません。ただ彼女をオカズにしたことは、一度や二度ではありませんでした。

「大輔くんは、いまどうしてるんですか？」

「今日は運動会で疲れたようで、すぐに眠っちゃいました。あの子も一人っ子ですから、仲よくしていただいてほんとうに助かっています」

そうやってなんとなく話しているうちに、真由美さんも私の部屋から帰らずに、長居をするようになりました。

考えてみれば、子どもと狭いアパートに二人きりの生活です。ストレスも溜まるでしょうし、話し相手も欲しかったのかもしれません。

いったん中座した真由美さんは、私の部屋から出ていくと、手に缶ビールを持って戻ってきました。

「たまにしか飲まないんですけど、今日は久々に誰かと飲みたくなっちゃって……もうしばらく、ここにいてもいいですか？」

今度は缶ビールを片手に、くつろいだ雰囲気で会話の続きを始めました。

ここまでリラックスした真由美さんを見るのは初めてです。楽しそうにビールを飲みながら、次第に会話の内容がなまなましいものに変わっていきました。

「私もねぇ、この年で一人だといろいろ悩みを抱えたりするの。子育てもそうだし、男がいないからあっちのほうもねぇ……」

酔いが回ってきたのか、そんなドキッとする愚痴を口にしたのです。

「真人くんもまだ若いからけっこう溜まるでしょ。やっぱり一人でしたりするの？」

「いや、まぁ……たまに」

「そうよねぇ……私も同じなの。けっこう欲求不満になったりもするのよ」

赤ら顔で打ち明けた真由美さんは、ニヤっと私に微笑みかけました。

ふだんの彼女からは、こんな姿は考えられません。それに私も、まさかオカズにしていたなんて、本人の前で言えるわけがありませんでした。

次第に私までムラムラした気持ちになり、会話も途切れがちになりました。

自然と目が、真由美さんの胸のふくらみやジーンズの太腿に向いてしまいます。やや肉づきのいい体つきですが、そこが色っぽいのです。

「ねぇ……もしかしていま、私を見てエッチな気分になってる？」

おそらく私の視線に気づいたのでしょう。

言い当てられた私は、少し恥ずかしかったのですが正直に「はい」と答えました。

すると、真由美さんが私に近づいてきたのです。少しずつ距離を縮めながら、座っている私の隣まで迫ってきました。

私はドキドキと心臓が高鳴ったまま、無言で下を見つめていました。

「ふふっ、緊張してるみたいね。私も酔っちゃったから、今日は久しぶりにはめをはずしちゃおうかな」

そう言うと、おもむろに私の見ている前で、服を脱ぎはじめたのです。

「えっ、いや……あの」

私は驚きのあまり、言葉に詰まってしまいました。

そうしている間にも、真由美さんは手早くシャツを脱ぎ捨てていました。

ふだん着のシャツの下は、淡いベージュのブラジャーだけです。若い女性が着るようなおしゃれなものではなく、野暮ったい地味なデザインでした。

酔っていたのを理由にはしていますが、私にはそれだけとは思えませんでした。

わざわざビールを持ってきたことといい、欲求不満を口にしたことといい、きっかけを自分からつくり出そうとしていたようにも見えます。

ジーンズも脱いでしまうと、下着姿で真由美さんは私にこう言いました。

「やっぱり、こんなおばさんとじゃイヤかな？」

急に不安そうな口ぶりになったので、私はあわてて「いや、そんなことないです」と否定しました。

「よかった。もし断られたらと思って、けっこう勇気を出したのよ」

今度は安心した笑顔で、真由美さんはブラジャーにも手をかけました。

目の前でこぼれ落ちてきた胸に私は釘づけです。ふくよかでそこそこのサイズがあり、ブラジャーから飛び出したときにやわらかそうに弾んでいました。

ただ形だけは、年齢のせいかやや垂れていました。乳首の色もこげ茶色に近いものです。

「ごめんなさいね。子育てをしたおばさんの胸だから、若い女の子みたいにきれいじゃないの」

胸の形を自分でも気にしていたのでしょうか。少し恥ずかしそうな表情に、私はゾクゾクしました。

真由美さんの体は、胸だけでなく腰の回りもぽっちゃりしています。やや太めで、ところどころに肌のたるみもありました。

それでも私にとっては、想像よりもずっといやらしく美しい裸でした。この体に包まれている姿を、何度思い浮かべたかわかりません。

このまま最後のショーツまで脱いでしまうのを期待していると、真由美さんは床に横になり、意味ありげな視線を私に送ってきます。

このときようやく、私に脱がせてほしいという表情だとわかりました。

あわてて私は真由美さんに近づき、紺色のショーツに手をかけます。

「あの……じゃあ、いきます」

そう声をかけてから、一気にショーツを引きずりおろしました。

太腿のつけ根が露になると、まず目に入ってきたのは黒い繁みです。

かなり濃い陰毛は、股間の上のほうに固まっていました。そのすぐ下には、くすんだ肌色に染まった割れ目がありました。

そのときの私は、まだ女を知らない童貞でした。

もちろん、こうして生の女性器を見るのも初めてのことでした。興奮のあまり手にはびっしょりと汗をかき、呼吸も荒くなっていました。

そのくせ真由美さんのあそこだけは、食い入るように見つめたまま目が離せませんでした。

　真由美さんは軽く足を広げた姿勢で、黙って私に股間をさらけ出しています。恥ずかしがって隠そうともせずに、むしろ見せつけているかのようでした。

「はぁっ……」

　真由美さんが色っぽくため息をつきます。

「そんなに熱心に見られると、私まで興奮してきちゃうじゃない」

　そう言うと、さらに大きく足を開いてみせました。

　すると閉じていた割れ目までいっしょに広がり、中身まで丸見えになりました。

　思わず私は息を呑み、きれいなピンク色の穴に指を伸ばしました。そこはまるで呼吸をするように、小さく口を閉じたり開いたりしています。

　軽く入り口をなでてから、ゆっくりと穴の奥へ指先を進めてみます。

にゅるりと簡単に指が吸い込まれていきました。中はとても熱いうえに、すでに濡れていたのです。

「ああんっ」

　いきなり指を入れられても、真由美さんは怒ったりいやがったりせず、小さく喘ぎ声をあげました。

初めて味わった膣の感触は、やわらかくグネグネしていました。強い締めつけではありませんが、指をじっとりと包み込んでくるのです。

喘ぎ声にますます興奮した私は、膣の奥を指先でまさぐりつづけました。

「うんっ、んっ、あぁっ……」

私が指を動かすたびに、真由美さんも声で反応してくれます。

いつの間にか、私の指は愛液でべっとりと濡れていました。引き抜いてみると股間から糸を引いて、いやらしい匂いがします。

「ああ……真人くんの指ですごく感じちゃった。自分の指だと、あんなに深いところまで届かないんだもの」

それがオナニーの告白だと、私もすぐに気づきました。

自分だけでなく、真由美さんも一人でこっそりオナニーをしている……そう思うと、頭の中がカーッと熱くなりました。

だったらもっと感じさせてやろうと思った私は、そのまま股間にむしゃぶりついてやったのです。

真由美さんは驚いたのか、甲高い声で「あんっ」と悲鳴をあげました。

私は股間から離れずに、真っ黒な茂みに顔を埋めながら舌を使います。割れ目を舐めるだけでなく、クリトリスにも舌先をこすりつけました。

「ひっ、ダメ、そんなに……あぁんっ！」

どうやらそこが最も感じる場所のようです。小さな豆粒のようなクリトリスに刺激を受けると、ますます敏感に腰を浮き上がらせました。

私は夢中になって股間を舐め回しながら、両手で胸をもみしだきました。とても大きく持ち上げた両手の中には、たっぷりとした胸のふくらみがあります。とても大きくてやわらかく、さわっていると指が肉に埋もれていきました。

こんなにもさわり心地のいい体を自由にできるなんて、たまりませんでした。

もう手も口も止まりません。真由美さんの身悶《みもだ》えが大きくなっても、けっして股間から顔を離しませんでした。

「あぁっ、あっ……もう、ダメっ」

しばらくすると、喘いでいた真由美さんの声が聞こえなくなり、同時にピクピクとふるえていた体まで、急におとなしくなりました。

いったいどうしたのだろうと顔を上げてみると、真由美さんは疲れきったようにぐったりとなっています。

「どうしたんですか？」

心配になって声をかける私に、真由美さんはうつろな表情で言いました。

「……イッちゃった。恥ずかしい、こんな顔を見られて」

まさか自分が女性をイカせることができるなんて、思ってもいませんでした。

舐めていた股間もぐっしょりと濡れて、両足もだらしなく広がったままです。これほど感じさせてやったことで、なんだか自信がみなぎってきました。

しばらくすると、真由美さんがゆっくりと起き上がり、私の股間にすがりついてきました。

「今度はお返しに、私が気持ちよくしてあげる。そこに横になって」

私はすぐさま言われたとおりに、部屋の隅にあるベッドに横たわりました。

ついでにズボンと下着も脱ぐと、もうペニスは完全に勃起しています。

それを見た真由美さんは、まっすぐに顔を近づけてきました。目を輝かせながら、息が届きそうな距離です。

「すごい、こんなに大きくなって。ああ……もっとよく見せて」

どうやら真由美さんにとっても、生身のペニスと対面するのは久しぶりのようです。

匂いまで嗅いで、うっとりとした顔をしていました。

私がドキドキしながら待っていると、伸びてきた舌がぺろりとペニスの裏側を舐め上げました。

「ううっ」

背筋にふるえが走り、思わず声を出していました。

舌といっしょに唇もペニスに這ってきます。優しくキスをするように上下に動きながら、ついには亀頭を丸ごと口に含んでしまいました。

全身から力が抜けてしまいそうな、甘ったるい感覚です。これほどの刺激は味わったことがありませんでした。

口の中はとても温かく、唾液もたっぷり含まれています。それに加えて、やわらかな舌がクネクネと動き回っていました。

「ああ、すごく気持ちいいです」

私がそう言うと、真由美さんはさらに舌をこすりつけてきました。

真由美さんにフェラチオをしてもらうのは、私がいつもオナニーをするときに想像していた場面です。実際にこんなふうにしてもらえるなんて夢のようでした。

「溜まっているなら我慢しないでね。遠慮しないで出してもいいから」

そんな優しい言葉までかけてもらいました。

真由美さんの唇はリズミカルに激しく動いています。口を深く沈めて喉奥までペニスを吸い込んでも、苦しそうにはしていませんでした。

もしこれが自分の手だったら、あまりに急激な快感ですぐにペースを落としていたはずです。

しかし真由美さんは、少しも口を休めませんでした。むしろ早くイカせようとしているのか、強くペニスを絞り上げてきます。

「あっ、で……出そうです」

早くも私は射精しそうになっていました。

このまま出していいものか迷った私は、とっさに腰を引こうとしました。

しかし腰に回った真由美さんの手が、それを阻止します。そのまま顔の上下運動を続け、舌でペニスの裏側を何度もこすり上げました。

「うっ……！」

たまらず私は、口の中に溜まったものを発射しました。

あまりの気持ちよさに、ベッドの上で腰が浮いてしまいました。射精している最中もペニスが吸い込まれ、唇はぴくりとも動こうとはしません。

しばらく私は横たわったまま、天国にいるような気分を味わっていました。

ようやく真由美さんの唇が離れると、精液は吸い尽くされてしまっていました。口の中に溜まったものは、すべて呑み込んでしまったようです。

「どうだった？　私も口でイカされちゃったから、おあいこね」

子どものように悪戯《いたずら》っぽく真由美さんは微笑みます。

ただし、一回出したからといって満足したわけではありません。まだまだ性欲は有り余っています。

もちろんそれを真由美さんもわかっていて、私をこう誘ってきました。

「セックスをしたいのなら、いますぐでもいいけど。それとも、また今度にする？」

まだ軽い疲れはあったのですが、いますぐにさせてもらうことにしました。次の機会までなんて我慢できませんし、この機を逃したらそんな機会は二度と訪れないかもしれません。

早く抱きたいとあせる私を、真由美さんは落ち着かせるかのように、静かに体を乗せてきました。

「じゃあ、私が上になってあげるから。真人くんはそのままね」

腰に跨《また》がってきた体が、ペニスの真上に移動してきます。さっき発射したばかりでも、真由美さんのあそこが近づいてきただけで、興奮状態を取り戻していました。

私がじっと見つめている前で、真上に向けられたペニスの先が、繁みの奥へ吸い込まれていきました。

亀頭が丸ごと深い穴に呑み込まれてしまったような、奇妙な感覚でした。

「うあっ……！」

ぬるんと根元まで入ってしまうと、一気に快感が弾け飛びました。短いうめき声を出すことしかできないほどの衝撃です。

「あんっ、すごい……こんなに硬いの、初めて」

私の上にいる真由美さんは、深く腰を落として前屈みになっていました。

私と顔が接近し、どちらからともなく唇を合わせます。舌を絡め合っている間も、ペニスはじわじわと締めつけられていました。

このとき気づいたのですが、真由美さんはコンドームも使わずに私とつながっているのです。

いつ爆発してしまうかわからないのに、妊娠しない安全日なのでしょうか。それとも少しでも私を気持ちよくさせようと、あえて生でさせてくれたのでしょうか。

真由美さんの腰が動きはじめると、さらに快感が押し寄せてきました。

「久しぶりだから、やり方を忘れちゃった……ちょっとぎこちないかもしれないけど我慢してね」

そう言って、クイクイとお尻を押しつけてきます。

下になっている私は、おとなしく真由美さんの動きを受け止めるだけでした。何もせずに勝手に気持ちよくしてもらえるので最高の気分です。

最初はゆっくりとした動きでしたが、次第にペースが上がってきました。

それにつれお尻が私の腰にぶつかりはじめます。一回ごとにずしりと衝撃が伝わってきました。

「んっ、ああっ！　私まで本気で感じてきそう……」

どうやら真由美さんは、抑えがきかなくなってきているようです。

考えてみれば、これまでろくに自由な時間もない生活で、セックスも我慢してきたに違いありません。このときばかりは大輔くんのことも、すっかり忘れてしまっているように見えました。

私も目の前で揺れている胸に手を伸ばし、動きに合わせて下から腰を突き上げてやりました。

「ああっ、それ、すごくいいっ！　奥までいっぱい来てるっ！」

たちまち真由美さんも、背中をのけぞらせてこたえてくれました。ただ声も大きくなってくるので、近くの部屋に聞こえないかと心配でした。

私も刺激に慣れてきたとはいえ、初めて味わうあそこの締めつけは、魂まで吸い取られそうでした。

一回射精していなければ、まちがいなくあっという間に爆発していたでしょう。

「ねぇ、このまま最後までいい？」

「えっ？」

いったい何のことかと思っていると、真由美さんは騎乗位のまま私をイカせようと、ラストスパートをかけてきたのです。

「待ってください……ちょっと、ああっ！」

それまで私も耐えていたのですが、腰を振るスピードが速くなると、あっという間でした。

すぐさま限界に達し、射精の快感に呑み込まれていきました。

「ああっ、イクッ！」

最後には腰を押しつけられたまま、ペニスが深く埋め込まれている状態で、精液を吐き出してしまいました。

ドクドクと射精をしている間は、頭も真っ白で何も考えられません。目に入ってくるのは天井の明かりと、心配そうに私を見おろす真由美さんの顔だけでした。

「だいじょうぶ？　ちょっと激しく動きすぎちゃったかな……」

「あっ、いえ、平気です。そのままでいてください」

腰を浮かそうとする真由美さんに、あわてて私は言いました。まだペニスは突き刺さったままだったので、射精の余韻が引くまでは動かないでほしかったのです。

しばらくすると、真由美さんは私の体の上から立ち上がりました。

「ごめんなさい。ゆっくり楽しみたかっただろうけど、あの子が起きちゃうかもしれないから」

立ち上がった真由美さんのあそこからは、私が出した精液が糸を引いて垂れてきていました。

下着をはく前にそれをティッシュでぬぐい、服を着るまでの一部始終を私はずっと眺めていました。

さっきまで乱れていたのに、もう母親の顔に戻っています。やはり頭の片隅では、ずっと大輔くんのことが気になっていたのでしょう。

それからも私たちは大輔くんの目を盗んで、たびたび密会するようになりました。帰りが早くなった日は、こっそり私の部屋を訪れてセックスを楽しんで帰ります。

溜まっていた欲求不満を解消するには、私は格好の相手だったのでしょう。

大輔くんとの仲は以前と変わりませんでしたが、真由美さんとのことを思うと、罪悪感を感じることもありました。

私たちの関係は、私が大学を卒業して、就職で別の地へ移り住むためにアパートを離れるまで続きました。

大輔くんとは何度か手紙のやり取りはしたものの、いまでは連絡を取り合うこともありません。

あれから二十五年が過ぎ、きっと彼も立派な社会人になっていることでしょう。

できればいまでも、親子で仲よく暮らしていてほしいと、そう願っています。

女性恐怖症の私に勇気を与えてくれた秋の深大寺で出会った妖艶美熟女……

河田竣介　会社員　三十八歳

自分のようなパッとしない男にも、女性がらみの忘れられない体験があります。

あれは五年前、秋も深まった深大寺《じんだいじ》に紅葉を撮りにいったときのことです。平日に休暇を取った独身男の私は、一人東京の調布に向かいました。

深大寺そばで有名な深大寺は、紅葉の名所でもあるのです。私はそれをフィルムに収めるべく、わざわざ有給休暇を使いました。カメラは私の唯一の趣味なのです。

ここまで書けばわかると思いますが、私は三十代も後半になるというのに結婚相手どころか彼女もいない、奥手な男です。

東京の観光名所としては有名な部類に入るだろう深大寺は、さすがに紅葉シーズンともなると、平日でも多くの見物客が訪れていました。

紅葉は見事でした。真っ赤に燃えるような葉、ほの暗い陰影を見せる葉。カメラのレンズを通すと、いろんな表情が見えてきます。

しかし見物客の多くは、単に有名なスポットだから見にきたという感じで、お寺には似つかわしくない俗っぽい人たちもたくさん溢れ返っていました。

中でもひと際目立つ熟年カップルがいて、やたらと目につきました。

女はサングラスと大きな帽子という出で立ちで、まるで大女優のような身のこなしのメイクバッチリの熟女。その隣にジャラジャラと金色のアクセサリーをつけた、どう見ても堅気《かたぎ》とは思えない五十年配の男。

(自分とは別世界の人間だな……)

そう思って遠巻きに眺めながら、遊びで一枚だけ、その女性に合わせシャッターを切りました。そしてひと休みして、近くに居並ぶ蕎麦《そば》店の一つに入ったのです。

そのお店は繁盛店で、店から相席を頼まれました。案内されたテーブルにいた先客が、なんとあの派手な美熟女だったのです。

(うへえ、よりによって……)

気まずいような落ち着かないような気分で、女性に会釈して席に着きました。

あらためて間近で顔を見ると、確かに美人ではありました。華があるというか、とにかく目立つ、ととのった顔立ちでした。思ったほど厚化粧ではなく、生まれもった顔が派手づくりなのです。そして一挙手一投足が大振りでした。

不思議なことにさっきまでいっしょにいた男の姿はなく、女性は一人でビールを飲んでいたのです。トイレかなと思いましたが、いつまでたっても男は姿を見せません。

観察している私に気づいたのか、女性のほうから私に話しかけてきました。

「あなた、お酒につきあってくれない？　ちょっとムシャクシャしちゃって」

私は驚きました。女性からこんなふうに話しかけられたのは初めてです。

女性は私の返事も待たずにグラスをもう一つ頼んで、ビールを注いで勧めてきたのです。初対面の人としゃべるのが苦手な私は、しどろもどろでした。

「ちょっと、男とケンカしちゃってね」

私に構わず女性は一方的に話します。彼女の話によると、さっきまでいた男は旦那さんではなく、愛人のようなセックスフレンドのような間柄。でも、たったいま些細な口論で別れてきたのだそうです。初対面の私に、そんなことあけすけに話すのにも驚きました。私は慣れないビールを飲みながら、聞き役に徹していました。

「あなた、女慣れしてなくていい感じね」

女性は、私に妖しい視線を投げかけてきました。

「あんまり、経験が豊富じゃないのかしらね。まさか、童貞とか？」

「ど、童貞じゃないですよ！」

ムキになった私をおもしろがって、女性は私の目をのぞき込みます。その目に魅了されたのか酒に酔ったのか、私はつい、言わなくていいことを口にしてしまいました。

「実は初体験があまりうまくいかなくて……それ以来、女性恐怖症気味に……」

女性はおもしろそうに笑みを浮かべています。憎らしい態度です。

「へえ、彼女は？」

「……もう十年近く、いないままです」

「じゃあ、風俗とかに行くわけ？」

「……そういう場所に行ったことはないです。なんだか、怖くて……」

「怖いって？」

女性はやたら私に興味をもっている様子です。私は酔った勢いで告白しました。

「……相手の女性を、満足させられる自信がないんです」

「満足させられる、自信がないの……」

女性は、私の言葉を自分の口の中で転がすように、くり返しました。

（もうやめてくれ……）

そう思っている私に、女性は意外すぎる言葉を投げかけてきたのです。

「じゃあ、これから試しに、私のことを満足させてみてよ。あなたの女性恐怖症を、私がベッドで治してあげるからさ」

冗談かと思いきや、彼女は本気でした。

蕎麦屋を出ると、私はそのままバスで吉祥寺まで強引に連れていかれました。吉祥寺はおしゃれな街と思われていますが、ラブホテルも何軒かあるのです。

「さっきから思ってたんだけど、大きなカメラを持ってるのね」

部屋に入るなり彼女は私に言いました。会ったばかりの女性とこんな場所に入ったことがない私は緊張していましたが、彼女に緊張した様子は微塵もありません。

「これは……紅葉を撮ろうと思って」

「へえ、カメラマンさんなんだ。私にも見せてよ」

彼女がカメラのディスプレイをのぞき込んでくるので、私は仕方なくその日撮った紅葉の写真を見せました。複数の写真を切り替えて見せていくうちに、遠くから彼女を撮ったあの写真まで、うっかり見せてしまったのです。

「あっ、盗撮！」

彼女が声をあげました。

「いや、これは、そんなつもりじゃ……」

私はしどろもどろです。きっと首まで真っ赤だったと思います。

でも彼女は怒っている様子でもなく、むしろうれしそうに笑っています。赤い口紅がにっこりと笑って、なんだか私は彼女に食べられてしまうような気分でした。

「こんな遠くからじゃなくて、いまここで、私を撮ってちょうだいよ」

彼女は自分の容姿に自信があるらしく、そんなリクエストをしてきました。

私は言われたとおり、彼女に向けてカメラを構えました。

彼女はグラビアアイドルのような、セクシーなポーズをしてみせます。

花柄のワンピースに厚手の丈の短いコートを羽織っていましたが、腰をくねらせるだけでお尻の肉感が強調されて、クビレも相当なものでした。

(俺よりも年上だな……四十代の半ば、もしかしたらそれ以上……)

何せ美人なので若く見えるのです。結局、ほんとうの年齢は最後まで見当がつきませんでしたが、小娘に出せない色香を感じたのは確かなことでした。

ベッドにつま先をかけて、スカートのすそを自分でめくり上げていきます。

少しずつすそを上げるスピードを落とすその態度にじらされ、私は何枚もシャッターを切っていました。いつの間にか興奮させられていたのです。

「ほら、自分の得意分野なら積極的になれるでしょ?」

彼女はそう笑いました。私は、はっとさせられました。「女性恐怖症を治す」という彼女の軽口は、本気だったのでしょうか。

股の部分までスカートをめくると、彼女はベッドの上に開脚状態で座りました。

スカートの奥まで見えました。刺激的な光景に息を呑みました。女性のはいていたパンティは、高級そうな赤と黒のレースの透けている物だったのです。

(うわ……黒々と……)

私は動悸《どうき》が激しくなりました。欲情するというより、少し「引いて」いました。

あまりにも、なまなましい光景だったからです。

そんな私の心を見透かしたように、彼女は言いました。

「ダメよ、ちゃんと見て、撮ってくれなきゃ……これが女なんだから」

そう言って、彼女はパンティの中に自ら手を突っ込みました。そしてレースの網の向こう側で、何やらモゾモゾと指を動かしはじめたのです。

「んっ……ふう、ん……」

濡れた声とも鼻息ともつかない音を、彼女は洩らしていました。ときおりビクッと体をふるわせたりもしています。明らかに、オナニーをしていました。

(これが、女のオナニー……)

アダルトビデオではない本物の自慰行為なんて、見た経験がありません。動悸はさらに激しくなり、私の呼吸も女性のそれとシンクロして速まっていきます。

しかし、それでも見続けることができたのは、愛機のカメラを構えていたからだと思います。やはり彼女が言うとおり、カメラという自分の得意分野を通してなら、なまなましい女性の姿も抵抗なく受け入れられるのかもしれないと思いました。

彼女はここでようやくサングラスを取りました。大きなつばの帽子も脱ぎ捨てて、薄くカールした髪を振りほどくように頭を揺らすと、香水の匂いがしました。

そしてオナニー中の股間を、私のカメラに向かって突き出したのです。

メスの匂い、とでも言うのでしょうか。パンティの奥でうごめく指先のそのまた奥から、濃厚な匂いが立ち込めるのを感じました。

オナニーで感じて濡れてきているのでしょうか。私は夢中で、何枚もシャッターを切りました。どんどん自分が興奮してきているのを感じていました。

「んあっ、はあ……もう、こんなに……！」

大きな喘ぎ声を出しながら、彼女はパンティから指先を抜いて、カメラの前にかざしました。べとついた指が糸まで引いています。

「すごい……ものすごく濡れてる……」

カメラ越しにそれを見ながら、思わず私はそうつぶやいていました。

彼女は心底うれしそうな顔をしています。

「ヌード、撮ってね」

彼女は濡れた指を少しベッドのシーツでぬぐうと、ワンピースの背中に手を回しました。チャックがおろされる音がしました。私の緊張が高まります。

「よいしょ、っと……」

はだけたワンピースからこぼれ落ちたバストは、想像していた以上のボリュームがありました。ブラもパンティとお揃いの黒と赤で、やはり透けていました。

「まずは下着姿で……そのあとに裸をお願いね」

彼女の声はどんどん扇情的に、やりすぎなほどに色っぽくなっていきます。

彼女が本物の女優かどうかは別として、やはりカメラの前でポーズを取っていると、何かしら演技者としてのスイッチが入るのかもしれません。

自ら大きなおっぱいを両手で持って、上に持ち上げるように動かしました。

強調されたバストが、下着の黒とのコントラストで真っ白に見えます。脂がのっていて、まさに熟女の豊乳という感じでした。

透けた乳首の乳輪は大きめです。それがまた、熟女らしさを思わせました。

この女性はどうやら、露出狂っぽい部分があるようでした。私のカメラ越しの視線にさらされ、写真を撮られることで興奮しているのです。

ワンピースを脱ぎ捨て、腕時計やネックレスもはずし、下着だけになる彼女。

やがてブラのフロントホックをはずして、指でブラをつまんで下に落としました。

「どう……私の、おっぱい」

彼女が、うっとりと笑みを浮かべます。

ブラという枷《かせ》をはずされた彼女のおっぱいは、年齢相応に垂れてはいます。

しかし、もともとの肌の色素が薄めなのか、乳首は思ったよりもピンクです。そして乳首が上を向いているのが、全体の形をよく見せていました。

なによりも巨乳でした。こんなに大きなおっぱいは、アダルトビデオでもあまり見たことがないくらいです。大きめの乳輪は、これが天然ものであることの証拠だろうと思いました。

私は思わず、彼女の胸に手を伸ばしていました。

カメラを構えたまま、ほとんど無意識の状態で、指先でバストにふれたのです。

「んっ……！」

意外なほどかわいい声が、彼女の口から洩れました。

私の手のひらがおっぱいの全体をなで回し、下から支えるようにつかみました。

(久しぶりの感触だ……)

女性の体のやわらかさを、私は何年かぶりに味わいました。

いつまでもそうしていたいほど、さわっているだけでも気持ちがよかったのです。

「もっと……下のほうも……」

彼女はそう言って、ベッドの上にあおむけになってしまいました。

勢いで私ものしかかる体勢になり、それでもカメラは構えたままでした。

私の手のひらが、彼女の胸からお腹のあたりをすべっていきます。

さっきしていたオナニーで興奮したのか、白くてやわらかい肌の表面がうっすらと湿っていました。それを手のひらに感じてうっとりしていると、やがてパンティまで指先が到着しました。

「脱がして……」

自分が積極的に女性の下着を脱がせたことがこのときまでにあったかどうか、それすら定かではありません。私はほんとうに奥手な男だったのです。

しかし勇気を出して、パンティの腰のあたりに指先をかけました。そしてそれを、ゆっくりと下げていったのです。

「ん……そうやって、じらされるの……好き……」

彼女が甘えた声を出しました。

もちろん私としては、じらしのテクニックなどを使ったわけではなく、ただただ緊張して指をうまく動かせなかったというだけです。それでも、こんなふうに反応してもらえると、小さな自信につながりました。

思えばこのとき、彼女は常に私のことを「ほめて」くれました。肌にふれれば「気持ちいい」。耳に指をやれば自分から動いて「感じる」。そして、恥毛の繁みを不器用に探っているときも「すごくじょうず」と。

こんな些細なほめ言葉の積み重ねが、どれだけ自信に繋がったかわかりません。

彼女は思った以上に真剣に、私の女性恐怖症を治そうとしてくれていたのです。

すでにオナニーで仕上がっていた彼女の繁みの奥は、溢れ出した愛液でベトベトになっていました。粘膜につつまれた指先を動かすたびに、彼女は体を大きくそり返らせました。そのように動くたびに、おっぱいは大きく波を打ったのです。

「んっ……あっ……も、もっと、奥に入れて、いいのよ……！」

興奮してどんどん大きくなっていく彼女の声に促されて、私は人差し指と中指を重ね合わせた状態で、ズブズブと行けるところまで突っ込みました。

「あ、あ、いい……いい！」

彼女の腰が、自然に動いていきます。私が指を挿入しているというよりも、彼女のオマ◯コが私の指を咥え込んで、むさぼっているようでした。

「ねえ、もうカメラを置いて……舐めて……」

彼女の言葉に、私はもう逆らえませんでした。言いなりだったのです。私はカメラを傍らに置いて、顔を彼女の太腿の間に埋めていきました。

シャワーも浴びていない蒸れた匂いも、全然いやではありませんでした。むしろ、その濃厚な匂いを心から堪能していたのです。

(俺って、こんなに熟女好きだったかな……)

ふとそんなことを思いましたが、とにかくその瞬間は、目の前のオマ◯コに夢中になっていました。大きな襞は左右対称で、奥のほうはきれいなサーモンピンクでした。

奥にある小さな襞の上の継ぎ目に、ごく小さなクリトリスがありました。

私は自分の舌先を硬くとがらせて、そこにツンとふれたのです。

「ああ、いい……ああっ！」

彼女の声が大きくなるほど、奥から蜜が溢れ、匂いも強くなってくるように思えました。私は両手で彼女の太腿をつかんで、そのやわらかさを手のひらに感じながら、クリトリスがふやけるほど舐め回し、吸い尽くし、味わいまくったのです。

こんなふうに積極的に女性に愛撫を与えたのは、初めてでした。

「あっ、は、ああ……」

彼女はひときわ大きな喘ぎ声をあげて、私の頭を両手でつかんで強く自分の股間に押し当てながら、体をワナワナとふるわせ、そしてぐったりと脱力したのです。

（もしかして……〝イッた〟のかな……）

私はそれまで、女性を絶頂させた実感を持ったことがありませんでした。

なんとも言い表せない感情が、胸の内に沸き上がりました。感動と呼んでもよかったかもしれません。自分の技で、かなり年齢が上とはいえ、こんな美人に快感を与えられたということは、大きな自信につながりました。

女性は起き上がって、私のズボンのチャックに指を伸ばしました。

「ここ……こんなになってる……」

彼女の目が妖しく笑いながら、私を見上げます。

目の前の彼女を舌で責めることに夢中で気づいていませんでしたが、私のペニスははち切れんばかりにふくらみ切っていました。こんなに硬くなったことは、それまでになかったのではないかとさえ思います。

彼女はたわむれるように私のズボンを脱がして、はいていたブリーフに手をかけて下げてきました。上を向いたペニスにわざと引っかけて、じらしました。

「よいしょ……えいっ！」

イタズラっぽくかけ声をかけてブリーフをおろすと、ブリーフの縁の部分に亀頭が引っかかって、ブルンと勢いがついて、ペニス全体が大きく揺さぶられました。

彼女がそれを、うれしそうな目で見ています。

「な……舐めて、ください……」

私は自分から彼女にそうお願いしたのです。もちろん、これも生まれて初めてのことでした。私にとってはとても勇気のいる一言でしたが、彼女の積極性にあおられて、いつの間にか大胆になっていたのです。

彼女は、そうそう、その意気よという表情を浮かべ、私のペニスに手を軽く添えて、すぼめた唇を亀頭に近づけました。

「うっ！」

こらえようとしても、思わず声が出てしまいました。ここまで興奮状態だと、キスだけでも射精しそうでした。

チロチロと舌を動かされ、根元から舐め上げられ、口の中に亀頭を含まれ……私は彼女の頭に手をあてて制止しなければなりませんでした。

そのまま、口の中に暴発してしまいそうだったのです。

「どうしたの……？」

彼女が不思議そうな顔で私を見上げました。

「すみません、できれば……アソコの中でイキたいです……」

彼女はうなずいて、私のシャツを脱がしてきました。

そして、ベッドにあおむけにした私に跨り、自分から腰をおろしてきたのです。

「ん……」

小さな吐息を洩らし、私のペニスを根元まで呑み込みました。

（久しぶりの、オマ〇コの、感触……）

それだけでも満足なのに、そのオマ〇コは私が経験したなかでも、もっとも気持ちがいいくらい、締りも感触もよかったのです。

「気持ちいい……」

私にたずねているとも、自分の感想ともつかない声を、女性は洩らしました。

脂ののった彼女の腰が波打つように動きはじめると、快感はすぐにそこまでやってきました。彼女は私に顔を近づけ、濃厚なキスをしてきます。

唇を離し、私は彼女に言いました。

「あの……あなたの、名前は……」

「……いいじゃない、そんなこと……ん、ああ！」

彼女はそう言って、どんどん腰の動きを速めます。大きな快感のかたまりが、下半身の奥から引きずり出されているようでした。私はたまらず、声を出しました。

「あ、うう……も……もう、イキますっ！」

「私もイク……このまま、出してぇ！」

さきほどのフェラチオですでに十分な快感を与えられていた私のペニスは、五分ももたなかったのではないかと思います。でも、彼女はその熟女らしい包容力で、そんな私を受け止めてくれたのです。それも生のまま……。

この、名前も知らない女性との出来事は、私の女性恐怖症をすっかり治療してくれたのです。一生忘れられない、感動の体験でした。

それからは、女性ともまともに話ができるようになり、ときにはいい思いもできるようになりました。ほんとうに心から、あの美熟女には感謝しているのです。

〈第三章〉

実りの季節に叶った牡と牝の情欲

重い病気になった甥の最後の望み……彼岸花の季節に犯した甘熟叔母の淫罪

松村みゆき　専業主婦　四十七歳

宮城県の大崎市で生まれ育った、四十七歳の専業主婦です。

大崎は彼岸花《ひがんばな》の名所として知られていますが、私には毎年、彼岸花が咲く季節になると思い出す出来事があります。それは一生忘れられない、でも人にはけっして言えない出来事なのです。

数年前の秋彼岸のことです。私の家は姉夫婦と同じ敷地内にあるのですが、その姉夫婦の息子、私の甥っ子にあたる翔太《しょうた》君が東京から帰省してきました。

「どうしたの？　こんな時期に」

私は驚きました。お盆にも帰ってこなかった翔太君が、こんな時期にわざわざ休暇を使って帰省したのが意外だったのです。

「いや、ちょっとね」

翔太君は言葉少なでした。翔太君は私より十歳年下で当時三十二歳。子どものころから私を「お姉ちゃん」と呼んで後ろをついてきた彼も、もういい大人です。

「東京の彼女とはどうなの？　結婚は？」

私が聞くと、翔太君は暗い表情で「別れた」とつぶやきました。どうにも様子がおかしいのです。帰省した翌日のお昼、翔太君が私に言いました。

「姉ちゃん、いっしょに爺《じい》ちゃんのお墓参りに行こう」

その日、姉夫婦が住む母屋《おもや》にも、私の家にも、いるのは翔太君と私の二人きりでした。田舎なのでお墓は近所にあるのです。

（翔太君、お彼岸だから帰ってきたのかな……そんなタイプでもないのに）

そう思いつつ、私は翔太君とお墓参りに行きました。彼岸花が赤く咲き乱れる道を抜けると小さな墓地があり、そこで二人でお墓参りをしました。

私の父で、翔太君の祖父にあたる源三《げんぞう》は、十年以上前に膵臓《すいぞう》ガンで亡くなりました。お墓参りの行き帰りの道すがらも、翔太君は口数が少なめです。

「どうしたの？」

私がそう聞くと、翔太君は目に涙をためて言いました。

「姉ちゃん、俺、死んじゃうかも……」

心配になって、家に帰って話を聞きました。なんと、翔太君は定期健診でレントゲン写真に影が見つかり、来月には精密検査を受けるのだそうです。

「爺ちゃんもガンだったし、きっと俺、助からないよ」

翔太君はそう言って私に抱きつき、子どものように泣き出しました。そして、涙でぐしゃぐしゃの顔を上げ、こう言ったのです。

「姉ちゃん、最後に一度でいいから、抱かせてくれよ」

翔太君が子どものころから私を慕《した》っていたのは知っていますが、すでに四十路に入った私を抱きたいだなんて……でも彼は本気だったのです。

結論から言いますと、翔太君の自分の死を覚悟したその勢いに押されて、私は関係をもってしまったのです。

翔太君は私を抱きすくめ、唇を押しつけてきました。彼の唇は意外にも柔らかく、子どものころと変わっていませんでした。

中学生だったころ、そういうことに興味津々だった私は、まだ小学校に上がる前の彼にキスをしたことがありました。そのころのままのように感じられました。

「誰にも、内緒だよ」

唇を離すと翔太君はそう言いました。それは、中学生の私がキスのあとで彼に言った言葉でした。翔太君は小学校に上がる前のことを覚えていたのです。

きっと忘れていると、高をくくっていた私が浅はかでした。彼が忘れることで自分の罪も消えた気になっていたなんて、なんと自分勝手なことでしょうか。驚いて言葉もない私に、再び翔太君は唇を押しつけてきました。

「あ、だめ！」

私は身をよじって抵抗しましたが、男の力に勝てるわけもありません。さらに強く抱き締められて、また唇を奪われました。熱い唾液が口移しに流し込まれ、同時に私の唾液も吸い取られました。

「ああ……」

呼吸が苦しくなるほどのキスに息継ぎすると、はからずも甘い吐息になってしまいました。私の体の芯の部分が、強引なキスに反応しはじめていたのです。

それに、子どものころ、自分の興味のために彼にキスをした、それを罪とするなら、その贖罪《しょくざい》という意識もありました。私には抵抗する資格なんかないんじゃないのか。そう考えることが、抵抗をあきらめる言いわけになりました。

私の体から力が抜けたことを敏感に察した翔太君が、全身をまさぐります。衣服の上からですが、尻から腰、そして胸をまさぐられて、性感神経が刺激されました。

「あ、あ……ああん！」

豊満な胸をわしづかみにされました。ぐいぐいと力強くもみしだかれて、確かな刺激が送り込まれました。下半身からへなへなと力が抜け、腰砕け状態で座り込みそうになりました。

それを支えるかのように、今度は翔太君の手が私の下半身に伸びました。尻をつかまれ、そのまま指先が割れ目にすべり込んで、股間をつかまれました。

下着越しではありましたが、女にとっていちばん敏感なところを刺激されてはたまりません。

「ああんん！」

私の悲鳴は、はっきりと媚びを含んだ喘ぎ声になっていました。

「姉ちゃん、気持ちいいんだろ？　感じてるんだろ？」

そのとおりでした。返す言葉もありません。

「お願いだから抱かせてくれよ。俺、死んじゃうんだ。最後のお願いだから……」

そう言われては、もう断ることはできませんでした。

「わかった……抱かせてあげるから、乱暴にはしないで」

私たちは間近で見つめ合い、お互いの気持ちに嘘がないことを確かめ合いました。

翔太君は、解放した私を畳の上に寝かせました。膝をついて、上からゆっくりおおい被さってきます。

あらためてキスをされました。差し込まれる舌を迎え入れ、私たちは舌を絡ませ合って深いキスを交わしました。

翔太君の手が、私のブラウスのボタンをはずします。ふだん使いの地味なブラジャーが恥ずかしく、思わず腕を組み合わせて隠そうとしましたが、優しく払いのけられました。

背中に回した手でホックをはずされ、ブラジャーが取り去られました。乳房が翔太君の目の前にさらされました。じっと見られて、込み上げる羞恥心が全身をふるわせます。

「そんなに見ないで。恥ずかしい……」

再び隠そうとする私でしたが、その前に翔太君が乳房にむしゃぶりつきました。乳首に吸いつかれて、全身に快感が駆け抜けました。

「ああ!」

私は大声をあげてのけぞり、同時に翔太君の頭を抱え込みました。

夫とはご無沙汰でしたから、そんなふうに誰かに乳首に吸いつかれるのは久しぶりのことでした。

乳首は翔太君の口の中に含まれ、舌が絡みつきます。舌はそれ自体が意志をもった生き物であるかのように自在に動き、乳首をなぶりました。全身に広がる快感に、私はもじもじと腰をうねらせました。

翔太君の足が私の下半身を上から押さえつけます。さらに彼の手が、あらためて下半身に伸びました。スカートをたくし上げ、太腿をなで上げて、股間に至ります。アソコが疼くのが感じられました。にじみ出した愛液が下着を濡らすのが自覚できました。

私は、早くアソコをいじられたくて、うずうずしていたのです。

翔太君の指が、下着のすき間から差し込まれ、陰毛をかき分けて割れ目をなぞります。そこがもうびしょびしょになっていることが、彼にも知られてしまいました。

「すごく濡れてるね」

あえて言葉にされて、消え入りたいほどの恥ずかしさが込み上げました。

「いや、言わないで……」

翔太君の指が、割れ目をまさぐります。深く切り込んだ割れ目の奥へと進み、肉厚な大陰唇を押し広げ、膣口を探り当てました。

縁をなぞるようにしたかと思うと、指先がそのまま膣口への侵入を始めました。

「あ、あ、あ……」

じわじわと膣口が押し広げられる独特な感覚があり、やがて、ぬるんと指全体が挿し込まれました。

「ああああ！」

その衝撃に、はからずも大声をあげてのけぞりました。翔太君が、もう一方の手で下着を脱がせにかかります。私は反射的に腰を浮かせて協力しました。

身を起こして膝立ちになった翔太君が正面に回り込み、開かせた私の両脚の間に身を置きました。

何も隠すものがない状態の股間が、彼の目と鼻の先にさらされました。吐息で陰毛がそよぐほどの間近に、彼の顔がありました。

「ああ、見ないで……」

恥ずかしさのあまり脚を閉じようとしましたが、むだに翔太君の側頭部を締めつけるばかりで意味はありませんでした。

「ずっと想像していたんだ、姉ちゃんのここ。だから見せてよ、よく見たいんだ」

そう言われては、それ以上拒絶もできません。観念して、アソコを翔太君にさらすことを受け入れるしかありませんでした。

「きれいだよ。想像していたより、ずっと……」

喜んでいいものかわかりませんでしたが、そう言われて悪い気のするものではありませんでした。

「ああ、恥ずかしい……」

それでも、恥ずかしさは消えません。募る羞恥心に身悶えが止まりませんでした。

やっと満足してくれたのか、翔太君はそれ以上見るのはやめて、挿入した指をそのままに、アソコに唇をつけました。膣口の上、すなわちクリトリスのあるあたりです。

「ああ！」

包皮の上からでも、そこは十分に感じる箇所でした。ところが翔太君は、強く唇を押し当てて、そのまま包皮を剝きにかかりました。

「あ、だめ！ そこ、そんなにしたら……」

制止するより早く、彼の唇は完全に包皮を剝き、丸裸にされたクリトリスに吸いつきました。

「あああああ！」

乳首にされたのと同じように、口の中に含まれたクリトリスが舌になぶられます。

まさに快感の源《みなもと》ともいうべきクリトリスに、そんなことをされてはたまりません。

「ああ、だめ、それ、刺激強すぎ……感じすぎちゃうから！」

それはもう気持ちいいとか、そういうレベルの話ではなく、あまりの刺激に全身がびくびくと痙攣してしまうほどでした。

腰が激しく屈伸して、繰り返し私の恥骨が翔太君の鼻骨に衝突しました。彼もかなり痛かったと思いますが、それでも離れようとはしませんでした。それどころか、翔太君は私の腰に両腕を回してがっちりと抱え込み、私の痙攣を抑え込むようにして、さらに鼻面を押しつけて愛撫を続けるのです。

「だめだったら！」

私は息を呑みました。動きを抑え込まれたぶん、クリトリスが受ける刺激は大きくなり、それは経験したことのないほどのものだったのです。

「ああ、だめ、それだめ！　イク、もうイッちゃう、イッちゃうから！」

私の体は鉄棒を呑み込んだみたいに、頭のてっぺんから足の先までが、ピンと伸びました。我慢の限界を簡単に飛び越えて、私はあっという間に絶頂に追いやられてしまったのです。

がっくりと脱力して畳の上で寝そべる私を尻目に、翔太君は立ち上がり、衣服を脱ぎました。ズボンもパンツも脱ぎ捨てて、彼のペニスが露になりました。下から見上げる、完全に勃起したペニスがそそり立つ様子は圧倒的で、私は言葉もありませんでした。

赤ん坊のころからずっと知っている翔太君が、とっくに立派な大人になっていることくらいはわかっているつもりでしたが、勃起したペニスを見せつけられて、あらためてそのことを実感させられました。

「姉ちゃんも、口でしてくれよ」

催眠術にかかってしまったように、私は翔太君に言われるままに身を起こして彼の足元に跪《ひざまず》き、手指を脈打つ陰茎に絡ませました。

私は顔を近づけ、血管の浮く茎の部分に舌を這わせました。もう一方の手を陰嚢に添え、重さをはかるように優しくもみます。

目の前に、なまなましい亀頭がありました。先端の縦割れの口からにじみ出た透明な液体が、玉の露になっていました。私は茎を舐め登り、先端にすぼめた唇をチュッとつけて、その露を吸い取りました。

塩気が舌を刺激すると同時に、私の女の芯の部分が反応しました。さっきイッたばかりのアソコが疼くのが感じられました。「もっとイキたい」言葉にするとそういうことです。

我ながらはしたないばかりの貪欲に、内心あきれずにはいられませんでした。もしかしたら、男の人の愛液には、女をその気にさせる成分が含まれているのでしょうか。私は自分の性感が高まっていることを感じながら、亀頭に円を描くように舌を這わせ、そのまま大口を開けてがっぽりと亀頭全体を咥え込みました。

生臭い匂いが鼻をつきます。男の匂いです。それもまた愛液と同じように、私の性感を高めていくように思われました。

私は精いっぱい舌を絡ませて亀頭を愛撫しました。口の中に溢れる唾液は口の端からだらだらとこぼれ、畳にしみを作りました。

気持ちよくて思わずだったのか、それとも意地悪だったのか、翔太君がぐいと腰を突き出し、亀頭の先端が私の喉の奥に届きました。

「うぐう！」

嘔吐《おうと》感が込み上げ、そのままごほごほと咳《せ》き込みました。目からは涙が溢れました。

本気で苦しかったのですが、翔太君はペニスを抜こうとはしませんでした。それどころか私の頭を押さえて、ペニスを吐き出すことも、顔をそらすことさえ許してくれませんでした。

（乱暴にしないでって言ったのに……）

口いっぱいにペニスを頬張ったままではしゃべることもできず、私は懇願を込めたまなざしで、頭上の翔太君を見上げました。私を見おろす彼と目が合い、私たちはまた見つめ合いました。

翔太君の目には、私への同情や慈愛は感じられませんでした。凶悪凶暴とまでは言いませんが、暴力的で嗜虐的《しぎゃくてき》で、思いつめたような暗い目をしていました。

子どものころに、彼をキスの実験台にしたことへの仕返しの気持ちなのでしょうか。それとも、ガンで死ぬかもしれないという悲しみなのでしょうか。どうして自分だけがこんなに若くして死ななければならないのかという怒りを、私にぶつけているのでしょうか。そういうことなら、受け止めてあげよう。そう思いました。恋人とも別れたという翔太君を、慰《なぐさ》めてあげられるのは私だけなのでしょう。

私は涙目のまま、精いっぱいの愛情をまなざしに込めて、頭上の翔太君を見つめました。そして、そのまま亀頭に舌を絡ませて愛撫を再開しました。

頭を押さえつけられたままで、前後にスライドさせてピストンさせます。あえて自分からペニスを喉の奥深くに迎え入れました。咳き込み、えずきながら、それでもピストンをやめませんでした。喉の奥を突きたいなら突けばいい。私が苦しむ姿が見たいならいくらでも見せてあげる。そんな気持ちで、私はフェラチオを続けました。

「うう……」

頭上からうめき声が聞こえ、口の中でペニスがひときわ硬く、大きく膨れ上がるのが感じられました。見上げると、切なそうに眉をひそめて翔太君が目を泳がせていました。射精が近いのでしょう。

私は、いっそう熱を込めてフェラチオを続けました。前後にスライドさせてのピストンのスピードを速め、同時に吸い上げる力を強めて、ペニスの表面と私の口腔内の肉の密着度を高めました。

じゅぷじゅぷと泡立つヨダレが口の端からこぼれてまた畳を汚しましたが、そんなことは気にしていられませんでした。

次の瞬間、私の口の中で亀頭が暴発しました。大量の精液が一気に発射され、喉の奥に流し込まれました。私はぶり返した嘔吐感を我慢して、夢中で吸いついて粘度の高い精液を一滴残らず飲み込み、喉に絡むのを無理して飲み下しました。

それでも私はペニスを離しませんでした。立っていられなくなって、その場に座り込んだ翔太君の股間に顔を埋めて、フェラチオを続けました。

「姉ちゃん、ちょっと、それは……」

逆に翔太君が困るくらいに、私はペニスへの愛撫を続けました。力を失ったペニスは柔らかく、マシュマロのような触感がかわいくて、私の胸に母性にも似た愛情がどっと溢れました。

どのくらいそうしていたでしょうか。十分か二十分か、そのままあおむけに寝そべった翔太君におおい被さるようにしてフェラチオを続けると、そのうち一本筋が通るようにペニスはだんだんと硬度を増していき、やがて元の硬さと大きさを取り戻しました。

あたりまえのことでしょうが、あらためて目の前で見るとまるで奇跡のようでした。まさに生命力の神秘にふれたような気がしました。そして、これほどの活力を誇る翔太君の体が病魔に侵されているという理不尽さに、あらためて怒りがわいてくるのでした。

「姉ちゃん、俺……姉ちゃんのアソコに突っ込みたい」

翔太君がそう言いました。私はうなずいて衣服を脱ぎ捨て、あおむけに寝そべる翔太君の下腹部に跨りました。少しでも彼の怒りを鎮めたい、哀しみをまぎらせてあげたい、そんな思いでした。

ふと、避妊しなくてはいけないことに思い当たりましたが、コンドームの買い置きもなく、いまさら行為を中断して買いに出かけるわけにもいきません。

私は勃起したペニスに逆手を添えて、女陰へと導きました。フェラチオの間もずっと愛液を流しつづけていたアソコはびしょびしょで、生のペニスはほとんど何の抵抗もなく膣口をくぐり抜け、膣内最奥部まで届きました。

「あああぁ！」

脳天まで衝撃が貫きました。予感はありましたが、そんな予感を超える凄まじい快感でした。生の粘膜と粘膜が密着して、愛液のうるおいが密着度を高めました。

じっとしていることができずに、気がつくと私は翔太君の下腹部の上で腰を回していました。尻でぐりぐりと大小の円を描くように腰が勝手に動くのでした。

タイミングを見計らって、翔太君が下から突き上げてきました。

「ひ、あ、ああ！」

新たな動きが新たな快感を生み出します。突き上げられて腰が浮きました。二度、三度と繰り返し下から突き上げられてバランスが保てず、翔太君の胸に両手をついてもなお、そのまま転げ落ちてしまいそうでした。

すかさず、翔太君が両手で私の腰から尻をわしづかみにしました。尻肉に指先がめり込むくらいの強さでした。それで転げ落ちる心配はなくなりましたが、膣内に響く刺激がよけいに強まってしまいました。

突き上げの衝撃を逃げ場なくアソコで全部受け止めるのですから当然でした。快感は青天井で、私はまたしても絶頂へと追いやられてしまいそうでした。

「これ、スゴイ！　これ、だめ！　またイッちゃう、イッちゃうからっ！」

私は翔太君を見おろして訴えましたが、むだでした。それどころか、彼の嗜虐性を助長してしまったようでした。

「イケよ！　何度でも」

翔太君はそう言い放つと、さらに力を込めて私を突き上げるのでした。

「あああああ！」

クリトリスへの愛撫でイカされたときよりも、数倍の快感が全身を駆け抜けます。絶頂はもう目の前でした。

「俺も、イク……このまま中に出すよ！」

翔太君がそう言いました。

それは困る。それだけはだめ。そう思わないではなかったのですが、快楽をむさぼるのに夢中で、どこか他人事というか、翔太君がそうしたいならそれでもいいかと、彼の行為を中断させることはできませんでした。

次の瞬間、二度目とは思えないほどの量の精液が、膣内にほとばしるのが感じられました。

「熱い、アソコが熱い……！」

射精で膣内の温度が一気に上がったようでした。翔太君の生命のしずくともいうべき精液は、こんなにも熱いのでした。

「ああ、イク！　イクイク！　あああああ！」

精液の熱さが最後の一押しになって、私も絶頂に達しました。

もちろん、それで終わりではありませんでした。私たちは、小休止を挟んで何度も抱き合い、何度も交わりました。

自分のすべてを出しきるような、荒々しくがむしゃらなセックス。私は母屋の大黒柱に抱きついたまま後ろから突かれ、何度も絶頂に達しました。

禁断の近親相姦なのに、翔太君は私の中に繰り返し精液を注ぎ込んで果てたのです。

このセックスがよかったのか、翔太君は翌月の検査では嘘のように影がなくなっていたそうです。夫を裏切った背徳行為ですが、抱かれてよかったのかもしれないと、心から思った私でした。

バスツアーで知りあった年下イケメン
五十路独女が堕ちた禁断の変態世界！

篠塚多恵子　事務員　五十二歳

私は夫の浮気が原因で、八年前に離婚しました。

多少の慰謝料はもらえたものの、心の痛手は深く、専業主婦だったので働かなければ生活もできません。

就職先が決まり、初出勤まで多少の時間があるため、私は気持ちを切り替えようと二泊三日のバスツアーに申し込みました。

観光地を巡りながらおいしいものを食べる、秋のグルメツアーです。

そこに、田所啓輔《たどころけいすけ》という三十代前半の男性が、一人だけで参加していました。

こういうケースは珍しく、単独参加はその彼と私だけだったため、自然と話しをする機会が多く、私たちはすぐに打ち解けました。

本来なら警戒すべきなのでしょうが、旅先の解放感やさびしさが災いしたのではないかと思います。

二日目の夜、部屋飲みに誘われ、なんの不審も抱かずに了承し、私たちは自然と男女の関係を結びました。

地元に戻ってからもデートを続け、恥ずかしながら、一回りも年下の男性とのセックスに夢中になっていました。夫とはずっとセックスレスだったため、体が異性を欲していたのかもしれません。

会うたびに情熱的な口説き文句やキスにうっとりした私は、もしかすると、啓輔と再婚することになるのではと、淡い期待さえ抱いていました。

食事代やホテル代は私がほとんど出していたため、冷静になれば、とても対等といえる関係ではないのに、ほんとうに浅はかだったと思います。

そんなある日、彼からしゃれたシティホテルに誘われました。

展望レストランやショッピングエリアがあるホテルで、これまでのお返しにお金はすべて出すよと言ってくれ、思わず胸が熱くなりました。

食事をすませたあとは部屋で熱いシャワーを浴び、二人で高級ワインを開けました。

啓輔に抱かれるシーンを考えただけで体が疼き、優しいキスに酔いしれたところで、急に猛烈な眠気が襲ってきたんです。

いまにして思えば、飲み物にクスリを入れられたのだと思います。

どれくらい眠り込んでいたのか。

ぼんやりした意識の中で、私は肉体に走る快美をうっすら感じていました。

まるで雲の上を歩いているような感覚で、そのときは啓輔に愛されていると思い込んでいたんです。

ベッドのきしむ音が聞こえる合間に荒々しい息が耳にまとわりつき、私は無意識のうちに彼の首に手を回して愛欲の渦に巻き込まれました。

「お、おお……き、気持ちいい」

「あぁン……啓ちゃん」

「ふふっ、やだなぁ……俺は啓輔じゃなくて、誠也《せいや》だよ」

男の声はかなり低く、確かに愛する人の声とはかけ離れたものでした。

「……え？」

ここでようやく我に返り、目をこわごわ開けると、見知らぬ男性が体の上に乗っていました。

私は全裸で大股を開いており、見知らぬ細面《ほそおもて》の男が腰を振りたくっていたんです。

ベッドの真横にも小太りの男が跪いておりこちらを見ながら目を血走らせていま

した。

「あ、あ、あ……」

最初は、悪夢を見てるのではないかと思いました。

頭はまだふらふらしていましたし、こんなバカなことが自身の身に降りかかるはずがないと考えたんです。

下腹部に視線を落とすと、男が腰をガンガン突き上げ、膣内の違和感が現実のものとなりました。

「あ、いや……」

「おおっ、いい、たまには熟女もいいもんだな。おマ○コの肉がこなれてて、チ○ポに絡みついてくるよ」

「だろ？　若い女とは、またひと味違うんだよ」

聞き慣れた声が耳に届いた瞬間、心臓が凍りつきました。

恐るおそる顔を横に振ると、全裸の啓輔が籐椅子に腰かけ、ワインを飲みながらニヤニヤしていたんです。

思考回路がショートし、しばらく呆然とするなか、ベッドの真横にいる男がつぶやきました。

「あ、あ……せ、先輩、は、早く……ぼくにも……」

「うるせえな、太一《たいち》。少しは落ち着けよ。ぴったりくっつきやがって、お前のツラ見てると、やる気が失せるんだよ」

「ははは、こいつは俺らの会社の後輩で、二十四にしてまだ童貞なんだ。どうしても参加させてくれって言うから、連れてきたんだよ」

太一と呼ばれた男は私を食い入るように見つめ、頭の中は性欲一色に染まっているようでした。

ルックスからして異性にもてるタイプではなく、早くもパンツ一丁の格好で股間のふくらみを自らなでさすっていました。

「あ、ああ、先輩。も、もう……出ちゃうかも」

「おいおい、冗談だろ?」

「だって、この人、すごくきれいだし、か、体もグラマーだから……」

「だよな。俺もまさか、こんなにいい女だったとは思わなかったよ。さすがは、すけこましの啓輔だ」

「俺が、ブスい女を引っかけるわけないじゃん」

彼らの会話を耳にしたところで、私はようやく事の成り行きを把握しました。

啓輔がグルメツアーに参加したのは遊べる女を物色するためであり、お眼鏡に適《かな》う女なら、誰でもよかったのだということを……。

誠也と名乗った男とともに、これまで何人もの女性を共有してきたのでしょう。

完全にだまされた。ショックと悲しみに打ちひしがれた直後、小太りの男が乳房に手を伸ばし、生理的嫌悪が身を包み込みました。

「やっ、やあぁぁっ！」

細面の男を押しのけて逃げ出そうとしたのですが、男性の力にはかないません。

「ちっ！　この期に及んで、暴れだしやがって。おい、太一、女の手を押さえろ」

「は、はい」

啓輔の言葉を受けた小太りの男は、ベッドに這いのぼり、私の頭のほうから両手を押さえつけました。

「あ、やっ！」

再びペニスの抜き差しが開始され、悔しさと怒りで涙がこぼれ落ちました。

「泣くことはないじゃないの」

涙で霞《かす》んだ視界の向こうで、啓輔がゆっくり近づいてきました。

「ど、どうして……こんなひどいことするの？」

「俺一人じゃ物足りなそうだから、仲間を呼んだんだよ。感謝してほしいな」

「は、離して」

「もう無理だろ。初めて女を抱く奴だって控えてるんだから。なあ、太一」

「はあ、はあ、はあ」

小太りの男は完全な昂奮状態で、体温が上昇しているのか、顎から汗が滴り落ちていました。

「亭主と別れたばかりで、さびしいんだろ？　俺らで、たっぷり満足させてやるから」

「ああ、やばい、もうイキそうだ……」

「おいおい、中に出すなよ。お前の精液が残ってたんじゃ、気味悪くてやる気が失せるからな」

「わかってるよ」

彼らの会話を耳にした限り、ケダモノとしか思えませんでした。

それでもペニスの出し入れが繰り返されるたびに子宮が疼き、浅ましい自身の肉体を呪いました。

「太一、どうした？」

「せ、先輩、ぼく、どうしても我慢できないんです」

「ちっ、しょうがねえな。多恵子《たえこ》さんに、しゃぶってもらうか？」

「ホ、ホントですか？」

小太りの男は目をきらめかせ、いまにも口からよだれがこぼれ落ちそうでした。

彼の容姿を目にしているだけで気持ちが悪く、私はとっさにかぶりを振りました。

「いやよ……お願い、許して」

「さあ、俺が手を押さえててやるから」

啓輔は懇願を無視し、ベッドに昇ってきました。そして手を押さえつけると同時に、小太りの男が立ち上がってトランクスを脱ぎ捨てたんです。

前方に突き出した下腹、皮を半分かぶったペニスはまるで子どものように小さく、先端からはすでに我慢汁がだらだら溢れていました。

「なんだ、お前、包茎かよ」

「だ、大丈夫です、仮性包茎だから、ちゃんと剝けます」

醜悪な男は皮を指で剝き、顔の真横に跪いてペニスを突き出してきました。

「お、お願いします」

「いやっ！」

「そう言わずに、しゃぶってやってよ。このあと、これまで味わったことのない天国に連れていってあげるから」

　こんな状況で、至高の快楽など得られるわけがありません。

　涙目でいやいやをしたものの、聞き入れてもらえず、小太りの男が唇にペニスを押しつけてきました。

「はあ、はあ、はあっ……き、気持ちいいです」

「く、くっ」

「多恵子さん、ほら、しゃぶれって」

　啓輔が手を伸ばして口を無理やり広げると、生臭いペニスが口の中に侵入してきました。そして細面の男も、凄まじいピストンで膣肉をえぐり立ててきたんです。

「おおっ、ヌルヌルがまとわりついて気持ちいい！」

「あ、あ、あ」

　腰が目にもとまらぬ速さでスライドし、ペニスが膣の中で脈動を開始しました。

「む、むむ、むふぅ」

　私は悲鳴をあげることさえできず、為すがままの状態で強制的にフェラチオさせられてしまったんです。

「ああ、すごい、すごいです……口の中……しっぽり濡れてて温かくて、もう最高ですぅ」

「おい、目がとろんとしてるけど、まさか我慢できないんじゃないだろうな？」

啓輔が問いかけた直後、小太りの男が腰をぶるっとふるわせ、栗の花の香りが鼻を突きました。

なんと、彼はあっという間に射精してしまったんです。

「お、おおっ！」

「おまっ、ちょっ……」

啓輔の手が顎から離れた直後、すぐさまペニスを口からはずしたのですが、濃厚な精液は途切れることなく放たれ、顔を飛び越えて逆側のシーツに跳ね飛びました。

記憶が定かではありませんが、五回以上は射精したのではないかと思います。

「ぷっ、ぷふぁ」

口の中に溜まった精液を吐き出したところで、今度は細面の男のうなり声が室内に響き渡りました。

「ぐっ、おっ、イクっ！」

「……ひっ！」

ペニスを膣から引き抜いた男は私の体を大きく跨《また》ぎ、胴体をしごきながら亀頭の先端を顔に向けてきました。

もちろん、顔を横に振って目と口を閉じたのは言うまでもありません。

「イクっ、イクぞぉぉ！」

彼はかまわず、これまた大量の精液を顔にぶちまけ、頭の中が真っ白になりました。

「はあ、はあ、はあっ」

「うへっ、こりゃ、すげえや。精液だらけじゃねえか。太一、ふき取ってやれ」

「はあ、はあ、は、はい」

二人の男の荒々しい吐息の合間に啓輔がぼそっとつぶやき、ベッドが再びギシッと音を立てました。

「それじゃ……約束どおり、天国に導いてやるよ」

彼はそう告げたあと、下腹部に移動し、指を膣の中に差し入れました。

「啓輔、お前、手に何を持ってんだよ」

「強力な媚薬さ。こいつをたっぷり塗りたくってるんだ。まあ、見てろや」

ひんやりした感触が膣壁に走った直後、あそこの中がカッカッとほてり、激しくひりつきだしました。

啓輔はそのまま腕を振りたくり、快感を強引に吹き込んできたんです。

「あっ、あっ、あっ」

「こうやってGスポットを刺激するとな……ほうら」

「やぁあぁっ！」

強烈な圧迫感が襲いかかり、排泄願望が内から迫り上がると、ジャッジャッという音とともに、熱いしぶきが膣内から放たれました。

「す、すごい！　潮を吹いてる！」

小太りの男はそう言いながら、精液まみれの顔をティッシュでふき取っていました。

その間、私は目を閉じたまま、盛んに身をよじらせていたのではないかと思います。指のスライドが止まったところで、全身がふわふわした感覚に包まれ、まともな思考はもう働きませんでした。

「け、啓輔先輩、ぼく……また、したくなっちゃいました」

「たく、いま出したばかりなのに、もうチ○ポ勃たせてるのかよ」

「お、おマ○コに入れたいです」

「まだ俺が終わってないだろ……まあ、いいや、おもしろいこと考えついたぜ」

彼らの会話を遠くで聞きながら、私はもうどうにでもしてという気持ちに変わっていました。

一分一秒でも早く終わらせ、解放してほしいと心の底から願っていたんです。

「さあ、俺の上に乗っかるんだ」

身を起こされても、糸の切れた操り人形のように力がまったく入りませんでした。

「あ、ンっ」

騎乗位の体勢から啓輔のペニスが膣内に埋め込まれ、愛する人と一体になれても、喜びなどあるはずもありません。

それでも媚薬の効果なのか、腰の突き上げが始まると、快感の高波がまたもや押し寄せました。

「はっ、はっ、はっ」

「ふふっ、マン肉がチ〇ポを締めつけてくるぜ……太一！」

「は、はい」

「ケツの穴に入れてやれ。お前のチ〇ポのサイズなら、入るだろ」

ギョッとしたものの、私にはもう拒絶する気力すら残っていませんでした。

「マ、マジですか？」

「あたりまえだろ、早くしろ」

「へへっ、こりゃおもしろい。見物だな」

細面の男が含み笑いを洩らすなか、小太りの男は仕方なさそうな顔で、私の背後に回りました。

この後輩にとって、先輩たちの命令は絶対だったようです。

いくら小さいとはいえ、ペニスが肛門に入るわけがない。そう考えたものの、禁断の場所に違和感が走ると、恐怖心からさすがに身がすくみました。

「や、やめて……」

「やれ！」

「あぁあっ」

まるまるとした亀頭冠が括約筋をミリミリ押し広げたとたん、カリ首が通過し、腸内を突き進みました。

痛みを感じたのは最初だけで、私はあっさりとアナルセックスを受け入れてしまったのです。

「ひぃぃぃぃいっ！」

「うおっ、ずっぽり入ってるぞ。太一……お前、野獣だな。どんな感じだ？」

「くっ、し、締めつけがすごいです。お尻の中、熱くって、チ○ポが溶けちゃいそうです。あぁ、気持ちいい……」

「ホントかよ、そんなに気持ちいいのか？」

細面の男が裏返った声でつぶやいたあと、啓輔が腰を激しく突き立て、この世のものとは思えない快感が次々と襲いかかりました。

初めてのアナルセックスにもかかわらず、括約筋がじんじんと疼きだし、自分ではこらえようがないほど乱れてしまったんです。

「ああっ、やぁあぁっ！」

「すげえや、マ○コとケツの穴から愛液と腸液がじゅくじゅく溢れてくる。俺も、たまんねえぞ」

細面の男はそう告げるや、再び前面に回り込み、唇にペニスを押しつけてきました。

「しゃぶれ、しゃぶってくれ」

「あ、ぐっ、くぷっ」

精液臭のただようペニスを無理やり咥えさせられ、悪夢のような4Pに私は失神寸前でした。

ちっぽけなプライドなど吹き飛ばすような快楽が絶え間なく押し寄せ、半狂乱さながら泣き叫び、何度もエクスタシーに達してしまったんです。

「この女、すげえぞ！　舌をチ○ポに絡めてきやがる。すぐにイッちゃいそうだ！」

「先輩、ぼくも我慢できません！」

「お、俺もだ、ぬ、おおおっ！」

「む、ふっ、イグっイグっ、イッグぅぅっ！」

男たちは絶倫で、放出しても解放してくれず、特に小太りの男は合計五回も射精し、私は体を精液まみれにしたまま奈落の底に落ちていきました。

目が覚めると、彼らの姿はなく、結局ホテル代は自腹で払うことになりました。

もちろん啓輔の連絡先は削除し、ラインもブロックしましたが、あれほどひどい仕打ちを受けたのに、あの日の行為を思い出しただけで、いつまでもあそこがジュンと濡れてしまうんです。

積年の緊縛願望を満たしてくれた義妹
媚熟肉に荒縄が喰い込み連続アクメ！

江藤道孝　会社員　五十八歳

私が初めて緊縛に興味を持ったのは小学生のとき、友だちの家で、彼の父親が秘蔵していたSM雑誌をこっそり見せてもらったのがきっかけでした。

屋根裏や納屋《なや》のような妖しげな暗がりで、柔肌を荒縄でいましめられ、苦悶とも快楽ともつかない表情で呻吟《しんぎん》する、肉感的な女の匂い立つエロティシズム……。

雷に打たれたような衝撃とともに、ドクンドクンとペニスが脈打つほどの興奮に襲われ、呆然としたのを覚えています。

あれから四十数年、しかし私が実際に女を縛る機会は一度も訪れませんでした。

三十代の半ばで恋愛結婚した十歳年下の妻は、どちらかといえば向こうっ気の強い女王気質。まあ、現実はそんなものでしょう。ときにはケンカもしながら一人息子をもうけ、私たちはいまも房総にある妻の実家で仲よく暮らしています。

慰めになるのは、押し入れにしまってある数々のＳＭ雑誌とＳＭビデオだけ……。私をとりこにしつづけてきた緊縛の夢は、甘い妄想のままに終わるはずでしたし、私自身もそれでいいと思っていたのですが……。

二〇一七年、九月頭のことです。東京で暮らしていた妻の妹・早希《さき》が離婚したとのことで、一時的に私たちの暮らす実家に戻ってきました。夫婦で暮らしていた広いマンションを出なければならず、新居が決まるまでの一カ月間ほどという話でした。

ほとんど記憶にもなかった早希をあらためて見たとき、私はだしぬけに「この義妹を縛ってみたい」と強く思いました。

黒縁の眼鏡をかけ、ブラウスのボタンをいちばん上まできっちり留めている早希は、一見すると地味でありながら、匂うような色気をムンムンとにじませていました。形のよい丸いひたいやツンととがった小さな鼻は理知的な印象なのですが、衣服の下の肉体は、それがきっちり隠されているだけに、むしろ強烈になまめかしさを主張してくるのです。

彼女の年齢は四十二歳とのことでした。

血のつながった家族だからなのか、妻や義父母は、早希のことを野暮ったい女と思っているらしく、「もうちょっとおしゃれにしてもいいんじゃない？」と新たな出会いに向けてのアドバイスをしていました。

私が早希に抱いた印象とはまるで反対で、もしかすると彼女の魅力は自分にしかわからないものなのかもしれないと悦に入ったりしていました。ですが、そんな本音は絶対に表には出せません。内心の疼きを隠しながら義兄として努めて常識的にふるまい、何事もないままに二週間が過ぎました。

口数が少なくひかえめな早希は、基本的に何を考えているのかよくわからない女でしたが、見れば見るほど、生白い肌の内側に何かをうごめかせているように思えてなりませんでした。

しかし、私にできるのはひそかに視姦し、頭の中で妄想を展開させることだけ……。そもそもここで大胆なまねができる男なら、人生のどこかでとっくに夢を実現させていたでしょう。

事件が起きたのは、そうして訪れたある週末のことでした。前の晩の夕食時の会話の流れで、私を除いた家族みんなで館山《たてやま》へぶどう狩りに行くことになり、私は留守番をおおせつかることになりました。

集団行動が苦手な私は、いつもそうした行事からは逃げ出してしまうのです。

「午後には帰ってくるけど、お昼は食べてくるから適当にやっててね」

朝、準備を終えて靴をはいた妻が言い、「あ、暇だったら庭の柿の木の落ち葉、まとめておいてくれる？」と箒《ほうき》で掃《は》くまねをしながらつけ足しました。

暇ってわけじゃないんだけどなぁ……でも女王様には勝てないやと思いつつ承諾し、張りきった様子で出かけていくみんなを玄関先で見送りました。

義父母と妻はジーンズにトレーナーやパーカーという身軽な格好でしたが、早希だけは黒いロングスカートにタイトな茶色いニットという、足元がスニーカーなことを除けば、ほぼふだんどおりの「らしい」服装でした。

一人になった私は柿の木の件はあと回しにして離れにこもり、趣味であるアウトドア関連の道具の手入れを始めました。その離れは息子が独立する前に使っていた八畳ほどの小屋で、いまは私の山道具やキャンプ道具の物置になっているのです。

ＡＭラジオをつけると行楽地の賑《にぎ》わいの模様や天気予報が流れだし、秋をテーマにしたメッセージを募るパーソナリティの声が、耳に心地よくすべり込んできました。

それを聞くともなく聞きながら、夏に使って干しっぱなしにしていた寝袋を収納袋にしまい、次に潮のついた釣り竿を一本一本伸ばして、雑巾でていねいにふいていきました。

そうして離れに入ってから三十分ほどがたったころ、不意に入り口の戸がノックされたのです。

驚いて返事をすると、館山へ行っているはずの早希がスルリと中に入ってきました。

「え……早希ちゃんじゃないか……どうしたんだよ？」

私は立ち上がりました。早希が「うん」とうつむいたあと、スニーカーを脱いで一段高い板張りの床へ上がってきます。黒いソックスに包まれた足の小ささと生白いふくらはぎにドキリとし、つい全身を舐めるように見てしまいました。

小さな頭に細い首、薄い肩の下にはふくよかなバストがニットを内側から盛り上げて、形をくっきり浮き上がらせていました。服の色合いは地味なのに、なんともあでやかで、少女のようなのに熟れている……日々私をとまどわせている早希独特のバランスに、見とれないではいられませんでした。

「急に体調が悪くなったって言って……私だけ駅から戻ってきたの……」

「えっ……ど、どうして……」

意味がわからず、私はバカみたいに棒立ちになっていました。すると、早希がまっすぐこちらへ近づいてきて、戸惑っている私にふわりと抱き着き、「私がこういう女なの、お義兄《にい》さんわかってたでしょ？」と耳へ息を吹き込むように囁いたのです。

「い、いや……ちょっと待ってくれよ」

私は驚愕《きょうがく》し、あわてふためきました。にもかかわらず、ニット越しに感じる早希の乳房のふくらみと体温に思わず陶然としてしまい、股間のものがジワリと熱を持ちました。

いや、これはマズい……ほんとうにマズいぞ……。

あわてる私に早希がますます密着してきて、「いつもいやらしい目で見てたくせに？」と私の首筋に唇を吸いつけ、そのままチロチロと舌先で舐め上げてきました。

正真正銘、大混乱です。

「お、おい……早希ちゃん！」

視姦がバレていたことはショックでしたが、それ以前に状況を呑み込むことができませんでした。とにかく言いわけしなければと口を開きかけたのですが、そのとたん、まだ何も言っていないのに「嘘つき」と唇を唇でふさがれました。

同時に股間のふくらみをなでさすられ、舌を絡めてこられました。

心臓が高鳴り、めまいすら覚えながら、私は気づくと早希の舌を吸い、ニット越しの乳房をもみ回していました。さらには片手をヒップに伸ばし、指でスカートをたくし上げ、生脚の感触まで味わいだしていました。

警笛を鳴らす理性とは裏腹に、火のついた体が勝手に動いてしまうのです。

指先が太腿のつけ根付近まで達すると、早希はそれだけでピクンピクンと敏感に反応し、急に軟体動物のようになりました。体に力が入らないらしく、私が支えていないと立っていることもできない様子でした。

こんなに好色な女だったのか……。

心底意外に思いつつ、私はそんな早希をゆっくりと床へ横たえていきました。自分が何をしているのか、わかっているようないないような、なんとも頼りない気分でした。

ただ、こうなるともう止まれませんでした。

私はあおむけに寝た早希におおい被さり、ピッチリとしたニットを乱暴にまくり上げると、白いブラジャーに包まれた乳房を荒々しくもみしだき、首筋に吸いつきながらブラの中に手を入れて、ビョコンととがった乳首をこねくり回しました。

「あっ……あはぁっ」

早希が淫靡な声をあげ、イヤイヤをするように身を捩《よじ》りました。その仕草にいっそうの興奮をあおられた私は、思いのほかムチムチとした太腿を根元までなで上げ、パンティ越しにヴァギナを指で刺激しました。

早希のそこはすでにグッショリと濡れていました。私は乳首を舐め吸い、甘噛みし、フウフウと息を乱しながらパンティをグイグイ引きおろしていきました。

ベッドではなく板の間の行為であるだけに、レイプしている気分でした。

早希は、自分で誘ってきたくせに、バストを隠そうとしたり、パンティを手で押さえたりするのです。

ＡＭラジオからは平和そのもののようなトークと笑い声が響いています。私は早希の両足を大きく開かせると、生白い太腿の間に顔を突っ込み、淡い陰毛に縁どられたヴァギナを夢中で舐めたくりました。

「お、お義兄さん……ああっ、イヤッ」

鋭く発した言葉とは裏腹に、骨盤をクイクイと傾けてくる早希は、それでも背中で這いずって、なおも私から逃れようとして見せました。

そうはさせじと強く引きつけ、早希の体を思いきりこちらへ引きずった私は、膝立ちになって自分のズボンとパンツをおろしました。

ひんやりとした空気の中、硬い勃起が禍々《まがまが》しくそり立ちました。

私は早希の腕を取って半身だけ引き起こすと、彼女の後頭部を支え、勃起を赤い唇の間に捩《ね》じ込みました。勢いあまって一気に根元まで呑ませてしまい、早希が「うぐっ」と戻しそうになりましたが、かまわずに腰を前後に動かしました。

早希はそうされながら両腕をダランと脇に垂らし、口の端からヨダレをダラダラ垂らしつつ舌を使ってきました。大きな瞳がトロンと溶けたようになっていて、安直な言い方になるかもしれませんが、私はこのとき、彼女のマゾ性を確信しました。

「そうさ……君がこの家に来たときから、ぼくは頭の中で何度も君を犯してたんだよ」

言うか言うまいか迷いつつ、思いきって白状したとたん、射精しそうになりました。

早希はまだ舌を動かしていましたが、私はすばやく勃起を抜くと、込み上げる衝動のままに正常位で早希を貫きました。

前屈みになって胸と胸を密着させ、早希に口づけをしながら腰を振りたくりました。秋の話題で盛り上がるラジオの世界と、私と早希がいるこの世界とは、完全に切り離されているような気がしました。

早希は人形のようにされるがままになっていましたが、やがて感極まったように四肢を突っ張らせ、「あぁぁっ！」とたなびく声をあげて背筋をのけぞらせました。

膣がキューッと勃起を締め込み、甘い匂いが立ち昇ります。

「俺もイクッ……あぁっ、早希……早希！」

快感と興奮が下腹のあたりで渦を巻き、たちまち膨れ上がってきました。唇を半開きにして見つめてくる早希を見おろし、私は繰り返し早希の名前を呼びました。

そして次の瞬間、彼女の腹の上に大量の精液をぶちまけていたのです。

挿入時間がわずかでしたし、早希が満足したかどうかはわかりません。しかし私は文字どおり精魂尽き果ててしまい、ゴロンと床に転がると、しばらくは胸を喘がせていることしかできませんでした。

早希はその間に身を起こすと、何も言わずにすばやく服を着直して小屋を出ていきました。体をふくこともなく出ていったのは、すぐにシャワーを浴びるからだろうかと考えたりしましたが、妻たちが思いのほか早く帰ってきたこともあり、そのあと、母屋へ行った彼女がどうしていたかは、まったくわかりませんでした。

この一件以来、いよいよ本気で早希を縛りたくなりました。むしろ当然のことでしょう。そもそも、なぜあの千載一遇《せんざいいちぐう》の機会に縛らなかったのか……小屋には登山用のロープがあって、行為の最中にだっていつでも手を伸ばせたはずなのに……事後、庭の柿の木の下で落ち葉を集めながら私は悔やみに悔やみました。

ですから、次こそはと日々チャンスをうかがっていたのですが、あれ以来、早希はいっさいのすきを見せようとしませんでした。すきがないどころか、目も合わせてくれないのです。

まったくもって何を考えているのかわからず、また平日は仕事に行かなければなりませんから、何もできずに手をこまねいたまま一週間がたちました。そうするうちに早希の新居が決まり、彼女が実家を出ていく日を迎えてしまったのです。

絶対に逃がすわけにはいかない……。

どう考えても一生に一度のチャンスだとしか思えず、私は思い詰めていました。

幸いなことに彼女の出立は日曜日でした。そこで私は東京へ出るのに便利な銚子駅まで車で送ると申し出て、家族に怪しまれることなく早希と二人きりになる機会をもぎ取りました。本気であせっていたからこそできたファインプレーです。

道中の早希の心中は相変わらず量りかねました。しかし、決意を堅くしていた私は、迷うことなく途中で車をラブホテルの駐車場に突っ込ませました。

助手席で黙りこくっていた早希が「お義兄さん、ダメ……ダメよ」とようやく口を開きましたが、「いいから来い」と腕を取って強引に部屋へ連れ込みました。

一度肉体関係を持っているという事実が、私を大胆にさせていました。第一、先に誘ってきたのは早希のほうだったのですから……。

部屋へ入るなり、私はバッグの中からこの日のために用意しておいた麻縄を取り出しました。早希はそれを見ると強硬に抵抗しました。想像していた以上の抵抗でした。

「お、義兄さん……そんなこと……い、いやです……やめて……」

「君は前にぼくのことを嘘つきと言ったが、嘘つきは君のほうなんじゃないか？」

壁際まで追い詰めた早希の両手を後ろに回させ、手首を合わせて麻縄をかけました。

「だ、ダメッ……ああっ！」

前屈みになって逃れようとする早希の胸にもすばやく三重に縄を回し、その縄尻を手首から取った縄に引っかけて締め上げました。緊縛用語で言う高手小手《たかてこて》の状態です。

「あっ……ああっ」

背中でしっかり留めたあと、早希をベッドの上へ突き転がしました。横たわった早希は芋虫のように身をくねらせつつ、ピクン、ピクンとわなないていました。息は乱れ、頬が赤く上気しています。

いわゆる、縄酔いの症状でした。

やっぱり思ったとおりだ……彼女は本物のマゾ女だ……。

直感の正しさに自信を持った私は、新たに縄を取り出すと、ベッドに膝をのせて縄の端で早希の頬をくすぐりました。

「どうだい……たまらないいんじゃないのか？」

「い……意地悪……だからやめてって……言ったのに……」

先日は私が秘めた思いを白状したのでしたが、今度は早希がそれをしたのです。私は胸を躍らせました。

続けて彼女の右の膝上に縄を巻き、それをグッと引っぱってベッドの枠に固定すると、早希は横臥位に近い格好で右足をはしたなく開いた格好になりました。

青いスカートがすっかりめくれ、黒いパンストに包まれた脚のつけ根が丸出しになっていました。私はそのパンストに爪をかけて一気に引き裂きました。

「ひっ！」

早希が息を呑み、太腿の肉をひきつらせました。見ると、秘所にピッチリと張りつく白いパンティには大きなシミができていました。

「まったくいやらしい女だね、君は。魔性の女といえば聞こえはいいけど……」

また新たな縄を彼女の腰にひと巻きし、パンティを横にずらしてヴァギナを剝き出しにさせたあと、割れ目へ喰い込ませるかたちでキツく股縄をかけました。

「お……おんっ！」

早希が太い声をほとばしらせ、上げている右足をビョコンビョコンと動かしました。

麻縄の毛羽立ちが粘膜にふれ、同時にクリトリスをこすっています。身動きをするほどに刺激は強くなり、それによって早希はますます追い詰められていくようでした。

「すばらしいよ……ほんとうにすばらしい」

それは、かつてＳＭ雑誌で見た、無残な縛られ女そのものでした。私はゴクリと生唾を飲み、舌舐めずりをしながら、早希のブラウスのボタンをはずしていきました。ブラウスの前を開き、ブラジャーをたくし上げて、縄でくびり出された乳房をつかみ出しました。

「こんなにピンピンに立たせて……」

とがり立った乳首を強くつまみ、キュッとねじってやりました。

「ああっ！　い、いやぁっ！」

火を噴くように叫んだ早希が、生白い肌に脂汗をにじませて、またビクビクとわななきました。

「まさか、これだけでもうイッてるんじゃないだろうね？」

言いながら、しつこく乳首を責めなぶっていると、早希はそのまま立て続けに小刻みな絶頂を繰り返しました。

「自分ばっかり気持ちよくなってるな」

「ううっ……うぅ！」

私の言葉が早希の心にどう届いていたのかはわかりません。もし時間が許すならば、どこまでも責め苛《さいな》み、早希という女を精神的にも肉体的にも丸裸にしてやりたいところでした。しかし、あまり遅くなると家族に不審がられてしまいます。

私は早希を見おろしながら下半身裸になり、無造作に彼女の脚を開かせると、まるでダッチワイフを扱うように、一気に犯し貫きました。

「ああっ、あぁぁぁっ！」

二本の股縄の間に勃起が突き刺さって、さらに膣口を穿《うが》っていました。ピストンのたび、彼女の膣粘膜だけでなく、麻縄が竿をこすり立ててきます。妄想だけではわからなかったなまなましい刺激に、私は激しく高揚しました。

ベッドの枠と縄がきしみ、早希がまさしく「苦悶とも快楽ともつかない表情」で、うなるような喘ぎをほとばしらせました。

「こうやって、乱暴にされるのが好きなんだろう？　だから君は、自分から誘っておきながら、わざと抵抗するんだ」

「ああぁっ……ち、違うわ……そんなんじゃ……」

「嘘をつくなと言ってるんだ！」

私は一度勃起を引き抜き、早希の右脚を留めていた縄をゆるめて彼女をうつ伏せにし、尻だけを高く上げさせせました。そして皮を剝くようにパンティをおろして尻を露出させ、再び股縄を開いて後ろから侵入しました。

「ううんっ！」

奥まで突き込まれた衝撃に早希がうめき、ブルブルと尻肉をわななかせました。

「君がどんな女かわかっているよ……こうやって犯されて、尻を引っ叩かれて悦ぶ変態なんだ。ほら、ほら、ほら！」

腰を前後に動かしながら、彼女の尻たぶを平手で何度も叩きました。

パァンッ、パァンッと高い音が鳴り、早希がそのたびに「ひぃひぃ」と声をかすれさせました。尻がみるみる赤くなり、それと正比例するように愛液がどんどん溢れてきます。

背中でくくられた手は開いたり閉じたりを繰り返し、彼女が全身で悦んでいるのが伝わってきました。けっして錯覚ではありません。早希はこうして犯されながら、自分からクンクンと尻を突き上げ、ついには「ああっ、もっと！　もっと強く！」と、はっきり責めを望んだのです。

私は再び勃起を引き抜き、今度は対面座位の姿勢で早希を下から突き上げました。緊縛された体をきつく抱き締め、彼女の目を見て「わかったんだよ、ぼくには。ひと目見てわかった」と愛の告白をするように言いました。

早希が上下に揺れながら「だめなの……だからだめなの……」と、うわごとのように つぶやき、顔をゆがめてまた絶頂しました。

私はそんな早希を向こうに倒し、もう一度正常位での抜き差しを始めました。

「ああっ、お義兄さん、気持ちイイッ……イクッ、イクッ、またイクゥッ!」

早希が髪を振り乱し、眼鏡を飛ばして叫びました。いつしか彼女の体はじっとりと汗ばみ、縄が肌によくなじんで恐ろしいほどの色気を放っていました。

きっと縄映えするだろうとは思っていましたが、そのしどけないヴィジュアルも、感じっぷりも、乱れぶりも、何もかもが私の想像以上でした。

惜しかったのは、私たちにはわずかな時間しか許されていないことでした。やってみたいことは、まだまだ山ほどあったのですが……。

もし、私たちが家庭を壊してでも快楽にのめり込みたいというタイプであったなら、話は違っていたのでしょう。ラストスパートのピストンを繰り出しながら私が感じていたのは、きっと早希と同じく、これ以上の深入りは罪にしかならないという切実な予感でした。

「早希ちゃん……ほんとうによかったよ。こういうの、子どものころからの夢だったんだ。ありがとう、ぼくの前に現われて、誘ってくれて……」

「ううんっ……お義兄さん、私も……私も、うれしかった……あぁぁっ！」

叫んだ早希が激しい痙攣を見せました。そのなまめかしい体に熱い精液をぶちまけた瞬間、四十年以上はぐくんできた私の夢は、しびれるような快感とともにひとまずの終わりを迎えました。


早希が実家へ寄りつこうとしないのもありますが、私も連絡をとったりするようなことはせず、あれ以来、一度も早希とは会っていません。

会えばどうなるかが互いにわかっているからですし、容易に想像できる破滅的な結末を望んでいるわけでもないからです。

とはいえ、私の性癖が変わったわけではありません。

おそらくは、早希もそうでしょう。

私は、いえ私たちは、いまもあの夢の中のしびれを感じながら毎日を生きています。

この飢えは、たぶん一生続くのでしょう。そして私たちを何度でもあの夢の中の時間に引き戻すのだと思います。

娘が通う塾講師に惹かれた四十路熟女
秋祭りの夜に背徳の逆ナン不倫……

田山文恵　販売員　四十六歳

　今年で四十六歳のシングルマザーです。保険の外交員やデパートの販売員などをしながら、女手ひとつで育てた一人娘も今年高校に進学しました。そんな娘を見ると、つい思い出してしまうことがあります。娘がまだ小学生だったころですから、私は当時四十をいくつか越えた年齢でした。

　娘が六年生になってすぐ、それほど勉強が好きではなかったはずなのに、自分から学習塾に行きたいと言い出しました。たぶん、ほかのクラスメイトが行っているから自分も行きたくなったのだと思います。経済的にそんな余裕はなかったのですが、娘に肩身の狭い思いをさせたくありませんでした。考えてみると、彼女以上に私のほうがシングルマザーとして、意地を張っていたのかもしれません。

　それで、近所の学習塾のチラシや説明書を集めて、いちばん月謝の安いところを見つけたのです。けれど、それにしても家計に響くことに変わりはありませんでした。

そこで思いきって、その学習塾に相談に行くことにしたのです。

古く小さな雑居ビルの三階にある学習塾で、私に対応してくださったのは富谷《とみや》さんという背の高い男の方でした。三十代半ばくらいでひと目で年下とわかりましたが、門前払いを受けないかとドキドキしたのを覚えています。

それでも勇気を出して、通常より少ない日数でかまわないから、そのぶん月謝も安く娘を通わせることはできないかと、厚かましいお願いをしたのです。

すると、意外なことに富谷さんはニッコリして「いいですよ。日数もほかの子と同じで、特別にお安くいたします」と言ってくださったのでした。

この学習塾は開いたばかりで、とにかく生徒の数を増やしたかったのだそうです。

それに、一人でも生徒が増えれば、子どもたちや親御さんの口コミでさらに増えることが期待できると、ただ同然の値段にしてくれたので驚きました。

「最近は少子化で、学習塾の経営も競争が厳しくて。目先の利益よりも将来を考えれば、いまは生徒が増えたほうがこちらも得になりますから」

同席していた娘は大喜びでしたが、私はその塾の先生に好感を持ったかというと、これがそうでもありませんでした。

こんな厚意を受けてそのようなことを言うのは失礼なのですが、富谷先生はこの学習塾の経営者で、講師も富谷先生や彼の後輩の大学生アルバイトを含めて、四人しかいないそうです。そんな若い経営者の富谷先生自身もどことなく頼りない印象で、正直言って、娘の学力向上には期待できないなと感じたのでした。

それよりも引っかかったのは、面談中の彼が私に向けていた視線です。

私は学生時代にはミスコンで入選したこともあり、自分で言うのも変ですがルックスはいいほうだと思います。特に胸が大きくてHカップあり、どんな服を着ても目立ってしまうのです。離婚して保険の外交員をしていたころは、それでずいぶん契約を取ったものですが、そのたびに軽い自己嫌悪にも陥《おちい》ったものでした。そんなことから、私はとりわけ自分の胸を意識してしまい、男性の視線にも敏感だったのです。

富谷先生の視線は、娘に優しく笑いかけながらも、ときどき私のニットの胸を目を細めて盗み見ているのがわかり、自分の体を狙っているのではと感じさせました。

なによりもいやだったのは、彼が理知的なイケメンで人当たりも柔らかく、いかにも年上の女性にモテそうな雰囲気の持ち主だという点でした。それが、学習塾の講師兼経営者ということになると、私のような生徒の母親と接点ができるわけで、手軽に不倫の相手を物色しているような気もしたのです。雑談から、彼が妻子持ちだということもわかっていました。

そう考えはじめると、富谷先生は私目当てで娘の月謝をまけてくれたのではないかとにわかに警戒心がわきました。事実、シングルマザーという弱い立場につけ込んで、私を誘惑する男は、これまで数多くいたのです。それでも、娘が通えるのはこの学習塾しかありませんでしたから、私がしっかりすればいいだけの話なのだと、結局お願いすることにしたのでした。


週に三日、富谷先生の学習塾に通いはじめてからひと月ほどで、娘はすっかりなじんだようでした。あれほど勉強嫌いだったはずなのに、学習塾のある日は学校から帰ると準備を始め、そわそわしていたほどです。

娘に聞くと「先生は優しいし、授業もおもしろくてわかりやすい。ほかの学校の子とも仲よくなって、すごく楽しい」と表情を輝かせました。それはよいのですが、さっそく、富谷先生から面談の呼び出しがあったのです。目的が見え透いているような気がしたので、なんとか口実をつけてかわしたかったのですが、娘に関して話があるからと言われてしまうと、断るわけにもいきません。

警戒しながらも娘といっしょに富谷先生に会ってみると、授業態度や私には言ってなかった学校での出来事などを話してくれました。娘に言わせると、いつも仕事で疲れて帰ってくる私よりも、富谷先生のほうが話しやすいのだそうです。けれど、話自体は特に面談の必要も感じない程度の内容でした。

それよりも気になったのは、やはり私の胸を見る富谷先生の視線です。心なしか、初めて会ったときよりも露骨なものに思えました。

帰り際に「勉強以外でも、相談事があったら遠慮なく言ってくださいね」と優しく声をかけてくれたのも何か狙いがありそうで、私は頭を下げながら表情をこわばらせたのです。

その後も富谷先生は、面談を口実にして月に一度のペースで私を呼び出しましたが、いつも娘を交えた三人での雑談のようなものでしたし、先生のいやらしい視線も変わりません。このことを、やはり小学生の子どもを学習塾に通わせている同僚に話すと「そんな頻繁に面談をやるなんて、ちょっとおかしいよ」と言われました。

それでも、娘の成績は目に見えて上がっていっていたので、学習塾をやめさせようとまでは考えませんでした。

夏休みが終わったばかりの、初秋のことです。

突然、富谷先生から電話がかかってきて、近くの病院に来るよう言われました。土日の特別講習で学習塾に行った娘が、熱中症で病院に行ったと告げられたのでした。

あわてて職場から駆けつけると、待合室に娘を自分の車で連れてきたという富谷先生が座っていました。授業もあることだし、てっきり娘一人を病院に行かせたのだと思っていた私は、そこで少し驚いてしまったのです。

大学院に通っている優秀な後輩を臨時講師として増員して、代役を任せてあるから授業は大丈夫だと笑った先生は、経緯を話してくれました。

「授業が始まってすぐ、様子がおかしいことに気づいたんです。娘さんは、他人に心配かけまいと我慢してしまうところがあるようなので、病院まで強引に連れてきてしまいました。申し訳ありません」

頭を下げる先生に、かえって私は恐縮してしまいました。

娘は前日の予習で夜ふかししていたところに、残暑の中を移動したせいで軽い熱中症になったそうです。少し休んでいけば回復するという話なので、家まで送っていくという富谷先生と私は、自然と二人きりの雑談になりました。

富谷先生は大学卒業後、公立の小学校の教諭になったそうです。けれど、自分が思い描いていた教育現場との違いに失望し、数年で辞めてしまったのだとか。

「生徒一人ひとりと、その家庭までケアできるような教育を目指していたんですよ。それには普通の学校じゃとても無理だとわかって、自分で学習塾を始めたんです。いま思うと、若気の至りですね」

それで、面談が多かったのだと、私は初めて思い当たりました。娘の様子がおかしいことにすぐに気づいたのも、性格を見抜いて強引に病院へ連れていってくれたのも、そのおかげなのでしょう。

それはそれで感心し感謝するしかなかったのですが、やはりそのときも、富谷先生が私のブラウスの胸にちらちらと視線を向けていたのです。

まさか、こんなときにまで何考えてるんだろうと私はさすがに首をひねりました。やがて、出てきたお医者さんは富谷先生を父親と勘違いしたのでしょう、私より先に彼に話しかけたのです。そのときになって、やっと私は誤解に気づきました。お医者さんと話すときも富谷先生は、まったく相手の顔を見ないのです。

結局、すぐに娘は回復し大事には至りませんでした。送ってくれる車中、私は富谷先生にさっきから気になっていたことを尋ねたのです。

「先生、こんなことを聞くのも失礼かとは思うのですけど、もしかしたら極端な照れ屋なんじゃありませんか？」

「ああ、気づかれちゃいましたか？　何か気恥ずかしくて、どうしても人の顔をまっすぐ見ることができないんですよ。子ども相手なら平気なんですけど。だから、小学校の教諭になったようなものですね」

そう言って、富谷先生は正面を向いたまま笑いました。

私は、彼に下心があると疑ったことを恥ずかしく思うと同時に、これまでの言動もまったく善意からきたものだと知って、胸がいっぱいになったのです。

やがて車が私の自宅マンションのすぐ近所までさしかかったとき、後部座席で車外を眺めていた娘が、いきなり口を開きました。

「あ、お祭りだ！」

つられて見ると、神社の参道で忙しそうに露店を組み立てている人や、提灯《ちょうちん》を飾りつけている人たちの姿が目に入りました。娘はしきりに「お祭り、楽しそう」と口にします。

「そうだ、明日は塾もお休みだし、いっしょに行こうか？」

「え、ほんとう？」

富谷先生の言葉に、すっかり熱中症から回復した様子の娘は声を弾ませました。

「娘さんと二人きりだと、いろいろと誤解されそうだから、無理にとは言いませんが、お母さんもいっしょにどうです？」

　恐縮しながらも、私がうなずいたことは言うまでもありません。つきあわなければ気がすまないというよりも、むしろ私がそうしたかったのです。


　その日の夕方、娘には浴衣を着せましたが私はTシャツにジーンズ姿で、秋祭りの行われる神社の鳥居脇で富谷先生と落ち合いました。いま思うと、あれほどいやだったはずの自分の胸を強調するような服装にしたのは、心のどこかで期待していたのかもしれません。

　自分が年よりも若く見えることもあり、他人の目には仲のよい夫婦と娘と思われているようでした。そうなると不思議なもので、いつの間にか私自身がそんな錯覚に陥ってしまったようです。それでボーッとしていたせいか、石段で少しつまずいたときに、自然と富谷先生に腕をからめてしまいました。

　さすがに驚き、それに加えて照れもあったのでしょう、富谷先生はビクンと体を硬直させましたが、腕を振りほどこうとはしませんでした。娘の手前、腕を組んだのは数秒間だけでしたが、そのとき私は決心をしたのです。

　そして、私のそんな気持ちをあと押しするように、雨がポツリポツリと降りだしたのでした。

「本降りになる前に、家まで走っていって雨宿りしませんか？」

富谷先生は少し迷っていたようですが、結局うなずいてくれたのです。

マンションに戻った私は、富谷先生にビールと手早く作った軽食を用意しました。

「娘をお風呂に入れなきゃいけないので、少しの間、一人で飲んでいてください」

しきりに「雨が上がったらすぐに失礼しますから」と言う富谷先生に構わず、私はバスルームへと娘をせかしました。娘ははしゃぎ回った反動と、夕食代わりに露店であれこれ食べて満腹だったせいか、お風呂から上がると、うつらうつらしながら自分の部屋のベッドにもぐり込みました。

少しの間考えた私は、軽くシャワーを浴びると、素肌にタオル地のバスローブを羽織りました。もちろん、下着は着けません。

そのままの格好でリビングに戻った私をひと目見て、富谷先生はあわてて視線をそらして赤面しました。

「ごめんなさい、お待たせしちゃって」

「あ、あの、田山《たやま》さん、それじゃあ、私はそろそろ……」

ソファから腰を浮かせかけた富谷先生に駆け寄った私は、背後から胸を圧しつけ、腕を回してシャツのボタンをはずしにかかりました。

「先生をこのまま帰してしまったら、私の気がすまないんです……」

私たち母娘への厚意、誤解していたことへの謝罪、人間として尊敬する気持ちが混ざった感情でしたが、それよりも女として勢いがついてしまった気がします。富谷先生はといえば、シャイな性格のせいか体を固くして、どうしてよいのかわからない様子でした。

こうなると、年上でメンタルも強い私のほうがリードすべきだと気がつきました。富谷先生のシャツのボタンをすっかりはずし終わり前をはだけさせた私は、右手をズボンの股間へ伸ばしました。指先には、硬く盛り上がったふくらみを感じます。

「田山さん、それはマズいです！　ぼくにも家庭があるんですよ……」

ソファに腰を落としたまま身をよじる富谷先生のベルトを背後からはずし、チャックをおろした私は、今度は前に回りました。あわててベルトを直そうとする富谷先生の前で、私はバスローブを足もとに落とします。

下には何もつけていない女盛りの体を目の前にした富谷先生は、チャックを上げようとしていた手を止めて、視線を泳がせました。私はそのすきに彼の前にしゃがみ込み、膝まで一気にズボンとトランクスを引きおろします。私の鼻先で、長くそり返った富谷先生のものが、バネ仕かけのように勢いよく立ち上がりました。

「ねえ、先生……いま、うちの子が起きてきたらどう思うかしら？　いまの小学生はマセているから、私と先生の関係を誤解するかもしれないわね」

「そ、それは困ります」

「だったら声を出しちゃダメ。先生の家庭を壊すつもりはないから心配しないで。今夜ひと晩だけでいいの」

それで、富谷先生は観念したようでした。

そのあとはもう、夢中でした。震える指先で富谷先生のものの根元を軽く握ると、裏側を舌先で舐め上げます。

「うっ！」

うめいた富谷先生を上目づかいにうかがうと、下着代わりのTシャツ一枚の姿で目を閉じて顎を上げ、ソファの背もたれに体を預けていました。

完全に快感に身をゆだねているのだと見て取った私は、さらに積極的になります。

彼のものの先端を口に咥えると、口の中で舌をからめたり、先端から根元までキスの雨を降らせました。そんな彼への一方的な舌と口の愛撫だけで、私の中の女の部分が熱くなっていくのがわかります。私はもう、我慢の限界でした。

ソファに上がると、富谷先生の両腿を跨ぐようにして、彼のものを握って先端を私のあの部分にあてがい、正面から向き合う格好で腰を沈めます。

「あ、ううっ」

「あぁっ、田山さん」

奥まで貫かれる感覚に、私は思わずきつく目をつむり、眉を寄せました。気持ちは急《せ》いていましたが、私はあえて穏やかに動きます。一つには、久しぶりのこの快感を、できるだけゆっくり味わいたかったからです。

そしてもう一つの理由は、激しく動くことでソファがきしんで、その音で娘が起きてしまうのを心配していたのでした。もちろん、私も彼も声を押し殺していましたが、どうしてもうめきは洩れてしまいます。

だからこそ、二人がつながった部分が立てる、にちょっ、にちょっという湿った音が妙に大きく聞こえ、私の興奮を高めたのでした。

やがて、私の中で快感が満たされていきます。

「ううっ」

私は、彼の顔に胸を押しつけるようにして体重を預け抱き締めました。

そのときでした、富谷先生は私の乳首を突然吸ったのです。

「ああっ、ひっ！」

雷に打たれたような快感が、体じゅうを走り抜けました。その瞬間、娘のことなど頭から飛んでしまった感じで、私は反射的に声をあげかけました。

富谷先生はあわてて私の唇を唇でふさぎました。

「う、ううう っ」

彼のおかげでなんとか喘ぎを押さえた私は、舌をからめながらも腰をすぼめました。正確にいえば、自分でも意識していないのに勝手に私のあそこがすぼまった感覚です。ディープキスを続けたまま、今度は富谷先生が喘ぎを洩らしかけました。

「ううう っ……」

私のあそこに深く挿入された彼のものが、ビクンビクンと動くのがわかります。すぐに、放たれたものの熱さが私の中で広がると、もう頭の中で真っ白になって、何も考えられません。

「富谷先生って、すごい！」

つながったまま、私はやっと彼の耳元でささやきました。

「このところ、妻とはご無沙汰だったから、溜まっていたんでしょうね」

「わたしなんて、もうずっとしていませんよ」

私はちょっと笑って、富谷先生から離れました。

溜まっていたという言葉どおり、私のあそこからビックリするくらいの量の彼が放出したものが垂れて、カーペットに落ちました。

「セックスの仕方を忘れかけていたけど、田山さんのおかげで途中から思い出しましたよ」

冗談ぽく言った富谷先生は、まっすぐ私の顔を見て照れたように笑いました。私はあの部分の中に残ったものを垂らしたまま、彼の腕をつかみ立たせました。

「それじゃあ、その成果を教えて……」

そう言って私も微笑を浮かべ、富谷先生を今度はベッドルームへと誘ったのです。

セックスの仕方を思い出したという富谷先生は、まずキスから始めました。そして、私の感じる場所を探すように、ゆっくりと首筋から背中へと舌を使います。そのたびにゾクゾクとした快感が、私の体じゅうを走りました。

「ああっ！」

思わず声を出した私は、口を手で押さえました。子ども部屋とは壁一枚しかへだてられていません。こんな乱れている母親を、知られたくはありませんでした。けれど一方で、それが一種のスリルとして快感のアクセントになってもいました。

やがて富谷先生は舌を使いながら、私の乳首を指先でもてあそびます。

「はあーっ！」

今度はいきなり頭のてっぺんにまで響くような快感が走り、甲高い声が出てしまいました。あわてて、また口を押さえましたが間に合いません。娘に気づかれなかったかとドキドキしながら、私はシーツを握り、口元に引き寄せます。

その動きで体を動かしたせいでしょうか、私のあの部分からぬるりとした熱いものが滴り、シーツを汚したのがわかりました。おそらく、富谷先生が残したものと私のあそこから溢れたものが混ざり、流れ出したのでしょう。

それを意識した私の体はカーッと熱くなり、小声で言ったのです。

「ちょうだい、先生……」

無言で私の目を見てうなずいた富谷先生は、一気に奥まで貫きました。

私はシーツを堅く噛みしめ、なんとか声を殺します。

「うう、ううう！」

彼の長いものがあそこの奥を突き立てるたびに、私の腰が勝手にヒクつきました。

やがてまた、私のあの部分がすぼまる感覚とともに電気のような快感が走り、私はまた絶頂を迎えてしまったのです。

「今夜は後輩講師と徹夜でテスト制作するから」と、家に携帯で電話をする富谷先生を横目に、私はベッドでぐったりとしていました。いま思うとあまりにも大胆で母親として後ろめたくもあるのですが、このときの私は、それ以上に女だったのです。

富谷先生とは約束どおり一度きりで、面談のときもお互いそ知らぬ顔で会話していました。ただ、そんなときの先生は私の顔をまっすぐ見るようになりました。逆に私のほうが、視線をそらしがちになったのでした。

いまでも、秋になり近所の神社のお囃子《はやし》が聞こえると、体の芯が疼くのです。あの夜はまるで、大人の男女の一夜限りの秋祭りだったような気がします。

〈第四章〉冬を待ちわびて火照る成熟の肉体

文化祭では未遂に終わった初体験……四半世紀を経て感動の熟年ナマ性交！

祖川昌樹　出版社勤務　四十五歳

毎年、秋になるとよみがえってくる記憶があります。それは、自分が人生で初めて体験したセックス……厳密に言うと、それが未遂に終わった事件です。

あれは、大学の一年生のときのことでした。

高校時代にギターを始めた私は、大学でも音楽サークルに入りました。ギターを始めたのは、よくある理由ですが「女の子にモテたかった」からです。

しかし、音楽サークルに入ってみると、周りは自分よりも楽器ができる連中ばかりで、私程度のギターの腕前では、モテるどころではありませんでした。

その音楽サークルに、自分と同じ一年生でピアノを弾く女子がいました。

ショートカットでボーイッシュで、どことなく猫っぽい雰囲気のある、目がクリっとした童顔の女子でした。幼少期からクラシックピアノを習っていて、私とは違い譜面も読めて、楽器の腕も確かでした。

それなのに、いつもTシャツにジーンズという出で立ちで、同年代の誰よりも自由人っぽく、大人びていたのです。

一年生同士でいっしょにバンドを組んだ彼女のことを、私は好きになってしまったのです。彼女は何せピアノがうまいので、同い年とはいえ教わることが多く、あこがれが好意に変わっていったのだと思います。

しかし、バンドマンでありながら奥手だった私は、当時はまだバリバリの童貞。週二回もバンド練習でいっしょにいながら、彼女に告白もできずにいたのです。

とはいえ、私には心に期するところがありました。

秋の文化祭で初ステージを終えたら、彼女に告白しようと思ったのです。それだけを心の支えに、バンド練習をくり返しました。

やがて秋が来て、キャンパス内のイチョウの並木が黄色く色づきました。いよいよ待ちに待った文化祭のシーズンです。彼女と私がいる一年生バンドの初ステージは、予想外の好評のうちに終えることができました。

（よし、こっからが俺の〝本番〟だ！）

私はそう自分を奮い立たせました。ステージが終わり、夜は打ち上げ。バンドマンですから大盛り上がりです。その盛り上がった雰囲気の力を借りて、私は彼女に告白したのです。彼女は大きな目をさらに大きく見開き、私を見返しました。

「んー……つきあうとか、そういうのは面倒くさいんだよね……」

自由人の彼女らしい答えでした。私はガックリと肩を落としましたが、そんな私に耳元に彼女はこうささやいたのです。

「……でも、今夜とりあえず、エッチしてみよっか？」

夢のようでした。地獄から天国に、一気に駆け上った気分でした。

大学の近くに借りていた私の汚いアパートの部屋に、彼女が来てくれました。それだけでも興奮が止まりませんでした。

「キスしよ……」

部屋に入るなり、彼女は着ていた革ジャンを脱ぎました。そして自分から私の首に腕を回して、抱き寄せてきました。彼女の口は少し大きめなのですが、それがなんともいやらしい雰囲気をもっていることを、私はこのとき気づきました。

「ん……うん……」

彼女の唇にふさがれた私の唇がこじ開けられ、彼女の舌が私の舌をもてあそびます。

彼女は豊満なタイプではありません。スレンダーな体を、ぴったりとしたサイズのロックTシャツに包んでいるのがいつものスタイルです。

でも、そんなスレンダーな肢体が自分の体にくっついて、やわらかさを感じるギャップが、たまらなく快感でした。

(好きな人とキスするって、最高だな……)

初キスで酩酊《めいてい》したようになった私は、そんなことを考えていました。

彼女は私と違って、初体験ではないのでしょうか。キスもじょうずですし、妙に慣れた手つきで私のシャツを脱がしてきました。

露出した私の胸板に、彼女がキスをします。乳首に舌先で悪戯をされて、私の体が大きく痙攣してしまいました。まるっきり、彼女のペースでした。

(うっ、くそ、負けちゃいられないぞ……)

私は負けじと、彼女のシャツを脱がし、その下にある黒いブラジャーを脱がそうとしました。しかし、はずし方がよくわからず、結局彼女が自分で脱いだのです。

目の前に現れた彼女の乳房は、小ぶりながらピンクの乳首がつんと上を向いていて、まさに「男の理想」というべき美乳でした。

その乳首に夢中になってむしゃぶりつきました。

私はあせっていました。彼女とキスして、その美しい裸を見て、鼻血が出そうなほど興奮しているのに……さっきから、股間がピクリともしないのです。

（くそう……こんな体を前にして、どうして……！）

あせればあせるほど、どうにも言うことを聞いてくれません。パンツを脱いで、彼女の目に隠れて自分の手でしごいたりもしましたがダメなのです。

やがて、彼女も私が勃起しないことに気づいたようでした。

「今夜は、ダメっぽいね……」

それだけ言い残して、彼女はブラとシャツを着て、部屋を出ていきました。

こんなチャンスを逃してしまうなんて……私は部屋で一人悔し涙を流しました。

結局これがトラウマになって、彼女とはそれ以上の進展はありませんでした。

それ以来、イチョウが色づくころには、切ない思い出がよみがえるようになったのです。

そんな私もいまや四十五歳、都内の某音楽出版社に勤めるサラリーマンです。十五年前に結婚した妻との間には子どもが二人。もうすっかり、音楽活動も辞めました。ロックスターを夢見たかつての若者も、立派なオジサンになり果てたのです。

そんな生活に追われるなか、大学時代の音楽仲間の同窓会の知らせがメールで届きました。忘れもしない三年前の十月、秋も深まってきたころのことです。

同期だけで集まろうというその知らせを受け、迷った末に行くことにしたのは、もしかしたら彼女に再会できるかもしれないという気持ちがあったからです。

イチョウの並木を踏みしめて同窓会の会場へと行く道すがらも、彼女の面影ばかりが頭の中をかすめました。踏みしめられたギンナンの青臭い匂いと彼女との苦い思い出は、私の心の中でワンセットになっているのです。

会場になったのは、大学時代にバンドの仲間たちとよく行った居酒屋でした。

三十年近くの月日がたったというのに、その居酒屋だけはいまだに当時と同じ姿で営業を続けていて驚かされました。そしてここは、私が彼女に告白をした、文化祭のデビューライブの打ち上げ会場でもあったのです。

三々五々、昔なじみの顔が集まってきます。しかし、彼女が現れたときほど度肝を抜かれた瞬間はありませんでした。私を含めてすっかりメタボ親父になったほかのメンバーとは違い、彼女は学生時代とほとんど見た目の変化がなかったのです。

「みんな、久しぶり。元気？」

私との思い出など忘れたのか、屈託なく笑う彼女は、あのころとまったく同じロックTシャツに革ジャン、レザーブーツという出で立ちでした。

当時とほとんど変わらない居酒屋の店内に、当時とほとんど変わらない彼女が立っていると、まるでタイムスリップしたような気持ちにさせられました。

私の隣りが空いていたので、彼女はそこに腰を落ち着けました。心臓がドキドキしているのが悟られてしまうのではないかと思うほど、私は緊張してしまいました。

話を聞くと彼女は結婚もせず、卒業してからもずっと都内のライブハウスで活動を続けていたのだそうです。そんなメンバーは、ほかに一人もいませんでした。

「やっぱり、好きなことを続けていると歳を取らないいんだなあ……」

みんなが感嘆の声をあげました。彼女もまんざらでもない様子です。

私も、彼女の姿を見ていると青春時代がよみがえりました。楽しかったデビューライブの思い出も、そのあとの苦い初体験未遂の思い出も……。

初めのうちは、緊張でなかなか彼女の顔をじっくりとは見られなかった私ですが、酒の酔いも手伝って次第に打ち解けて話をすることができました。彼女は私にも、ほかのメンバーと分け隔てなく接してくれました。

間近で見れば、やはり彼女の顔にも年相応の老いはあります。

小さなしわも増えたし、肌の張りもあの初体験未遂の晩にふれたときのようにすべすべではありません。しかしそれすらも、いま現在の彼女を魅力的にしていました。

パッと見ただけでは変わらないように見えても、やはり年輪を重ねてきたのだと、ホッとした感じすらあったのです。そんなことを考えつつ酒を飲みながら彼女を見ていたら、不意に彼女のほうからこんなことを私に言ってきたのです。

「ねえ……文化祭の夜のこと、覚えてる?」

私は不意を突かれ、しどろもどろになってしまいました。彼女は笑っています。私はごまかすように大酒を飲みました。若いころを思い出して一気飲みまでしてしまったのです。そしてその挙句、年がいもなく、記憶をなくしてしまったのです。

次に気がついたときには、私は見知らぬ部屋のベッドにいました。

(ここは……いったい……)

起き上がってスマホで時間を確認すると、午前零時を回っていました。あまり広くはないアパートでした。いったいどこだろうと思っていると、キッチンのほうからタンクトップ姿の彼女が現れたのです。

「起きた? 水、飲みなよ」

そう言って、彼女からペットボトルの水を手渡されました。

私はそれを飲んで、心を落ち着かせました。

「ここは……」

「私のアパート。狭くてごめんね」

彼女はそう言って、ここに来た経緯を私に説明しました。案の定、若いころのような飲み方をした私は前後不覚になり、彼女に介抱されここまで連れてこられたのです。

「いやその……ほんと、すいません……」

謝る私を見て、彼女が笑いました。

「よしてよ……そんなことより、今日は会えてうれしかったよ」

彼女はそう言って、私の手の甲に自分の手のひらを重ねてきました。

またしても不意打ちです。私の心臓の鼓動が早鐘のように鳴りました。

私は彼女の手を握り返しました。彼女は拒否しません。

「ねえ……あの夜の続きを……」

彼女が、私の言いたいことを先に言ってくれました。彼女もそのつもりで、私を自分のアパートに招き入れてくれたのです。もう、家族のことなどどうでもよくなりました。自分がこんなに簡単に不倫をするなんて、まったく予想外のことでした。

しかし、もうあとにはひけません。

私は彼女の両肩に手を置き、キスをしました。まるでファーストキスのように緊張し、感動しました。実に四半世紀越しに、彼女の唇を感じたのです。

彼女が私の背中に手を回し、体を私に押しつけてきます。

胸のふくらみは、かつて味わったときよりボリュームがあるように感じました。もしかしたら、少し「垂れて」しまったのかもしれません。でも、そんなことは私にとってなんらマイナスではありません。彼女の年輪を感じるのは喜びだったのです。

「あ、ん……」

彼女が小さく声をあげました。私の手が、彼女の胸のあたりにふれたのです。思えば、かつて学生時代に彼女の体を愛撫したとき、彼女はほとんど声をあげたりはしませんでした。あのときは、私の愛撫も未熟だったのだと思います。とはいえ、大人になった私のテクニックが格段に向上したとか、そういうことでもありません。というよりも、彼女の肉体の感度がよくなったのだと思います。

彼女も結婚してはいないものの、この年齢になるまでに相応の経験は積んだのだと思います。むしろ、ずっとミュージシャンを続けているのですから、それなりに奔放な生活を送ってきたのかもしれません。

だから、何人もの男の手に愛されて、このような敏感な肉体に、いわば開発されてきたのでしょう。そのことに失望は感じませんでした。むしろ、お互いに大人になったことに安心するような、不思議な気持ちがありました。

彼女の手が、私の股間に伸びてきました。

「あっ……」

私は思わず声を出しました。

彼女に握られて初めて自分でも気づいたのですが、私のその部分は、ギンギンに熱く、硬くなっていたのです。

「今日は……大丈夫みたいだね……」

彼女はそう言って、クスクス笑いました。

確かに、この日は「大丈夫」でした。二十五年越しに「大丈夫」だったのです。酔っていたので心配していたのですが、萎える気配がまったくないほど興奮しきっていたのです。

（あの文化祭の夜に、こうなってくれていれば……）

そんな悔やむ気持ちも心の隅にありましたが、とにかく、自信を持って彼女を抱くことができる状態になっていました。

彼女はそのまま、私の股間に近づいていきました。そして、私のズボンの中に手を突っ込んで、直接チ○ポの感触を確かめてきたのです。

「ん……う……」

思わず声が出ました。気持ちがよかったのです。あの晩には味わうことができなかった彼女の指先を、ついに勃起したチ○ポで感じることができたのです。

彼女は私にズボンをはかせたまま、中のモノを取り出してしまいました。

いえ、私の勃起がすごくて、中から飛び出してしまったのです。

「こんなに……」

彼女はうっとりとチ○ポに手をやって、なでさすりました。彼女の視線を感じて、私のチ○ポはさらに硬さを増していました。

彼女に見られているだけで、私の亀頭の先端にしずくが溢れました。

そのうるんだ亀頭に、彼女が舌先を伸ばしてきました。

「ん、くっ……！」

一度口をつけると、彼女はむさぼるようにチ○ポを舐めてきました。

喉奥まで咥え込んで、じゅるじゅると音を立てて吸い上げました。

学生時代からのトレードマークであるショートカットの髪を揺らして、グイグイと精液を吸引するかのように頭をピストンさせたのです。

（ああ、気持ちよすぎる……）

私は暴発してしまいそうで、彼女の頭をなでてフェラを止めさせなければなりませんでした。それぐらい、彼女の舌づかいは激しくて、快感が強かったのです。

フェラを中止させられた彼女は、少し不満げな表情でしたが、持ち前の猫のような笑顔になると、私にこう言ってきました。

「じゃあ……私のも、舐めて」

大胆な要求に、私は童貞時代に戻ったかのようにドキドキしました。

彼女の体を横たえさせ、震える手でパンティに手をかけました。彼女が私の手の動きに合わせて体をずらし、下半身が生まれたままの状態になりました。

（ここが、彼女のオマ〇コ……）

どうやら彼女は、私が寝ている間にシャワーを浴びたようで、いやな匂いはまったくありませんでした。

でも、石鹸のさわやかな香りの奥に、うっすらと汗の匂いがありました。嗅いでいるうちにどんどん濃厚になってくるような、そんな熟した香りです。

なによりも、彼女のオマ〇コを見たのは、このときが初めてだったのです。四半世紀前に勃起しなかった私は、ここまでたどり着けなかったのですから。

オマ〇コは両方の太腿を軽く広げた状態でも閉じていました。あまり陰毛が多くはなく、縦の筋がくっきりと繁みの奥に見えました。

そこに指先でふれると、彼女が鼻声で喘ぐのが頭の上から聞こえます。

縦の筋からは、すぐに何かがしみ出して、指先を濡らしてきました。

（感じているんだ……！）

大きな感動が、私の胸に押し寄せてきました。かつて、何も感じさせることができなかった彼女の体に、自分の手で快感を与えることができたのです。

舌先を伸ばし、割れ目に埋め込ませました。舌をかき混ぜるように動かすと、蜜が奥からどんどん分泌されます。彼女の鼻にかかった声もどんどん大きくなり、やがて体を大きく揺すりながら呼吸している状態になりました。

「うっ、んっ、そんな……奥まで……！」

どんどん感度がよくなって、反応が激しくなっていきます。そんな彼女を見ていると、ついこちらも激しく「ここまでするつもりじゃなかった」というところまで責め立ててしまうのです。

「ああっ、はあっ……だめっ！」

やがて彼女が、さっき私がしたように私の頭をつかんで自分のオマ〇コから離してしまいました。ギブアップしてしまったのです。

しばらく向き合ったまま、お互いの呼吸をととのえていました。

彼女の顔は上気して、肌に玉のような小さな汗が浮かんでいます。

「ねえ……入れようか……」

彼女の言葉に、私は思わず自分のチ○ポをつかみました。まだちゃんと大きく硬くなったままだったので、私は安堵しました。

私は彼女を抱き寄せ、この夜でいちばん濃厚なキスをしたあと、正常位の体勢になって彼女の両脚を広げさせました。彼女が震える唇を開きました。

「あのとき……私も初めてだったんだよ……だから、怖くて……ごめんね」

これは私には意外でした。彼女の態度や、その同年代のなかでも大人びた雰囲気から、勝手にあの時点で彼女は「経験済み」だと思い込んでいたのです。

当時の彼女が処女だったという事実を教えられた私のチ○ポは、それまで以上に興奮で硬くなりました。これからするのが、ほんとうの自分の初体験だと思えたのです。

まさに当時の、二十歳そこそこのやりたい盛りの男子のように勃起したのです。

私は熱いチ○ポを手に握りしめて、彼女の濡れたオマ○コの襞をいじるように亀頭をこすりつけたあと、グイっと腰を落としていきました。

「あっ……うう、ん……」

彼女が私の首に両手を回して、強く抱き寄せます。

チ○ポが、念願の彼女のオマ○コの中へと埋まっていきます。

「うっ、ああ……」

私の口からも、ため息が洩れました。

ここまで勃起したチ○ポだと、オマ○コの内側の味わいも違いました。

未遂に終わった初体験から四半世紀、ようやく味わった彼女のオマ○コは感動モノでした。正直、妻とするセックスなどとは比べ物になりません。

一度根元まで挿し込まれると、もう止まりませんでした。

すぐに自分のピストンの最高速まで、ギアがトップに入ってしまったのです。

まさに若いバンドマンのような、小細工なしのハードなセックスでした。

揺すられた彼女の肢体は赤く色づき、秋だというのに玉の汗が浮かびます。

「出して……だいじょうぶだからっ！」

その言葉を彼女が言い終わる前に、オマ○コに向かって躊躇《ちゅうちょ》せず、私はありったけの精液を出し尽くしたのです。

この三年前の出来事以来、私の中で秋という季節はようやく切ないだけではない、甘ずっぱい季節になったのです。

亡き両親が残した家に住む孤独な男
出戻りの豊熟姉と秘密の夫婦性活……

松永進　会社員　四十歳

私は地方都市に暮らす、四十歳の独身会社員です。両親もすでに亡くなってしまい、親が残してくれた一軒家に、もう何年も一人っきりで暮らしていました。

都会なら独身の中年男性は珍しくもないようですが、私が暮らしているような田舎だと、変人か何か問題がある人間だと思われてしまうんです。それがいやで、二十代の後半にはいちおう、お見合いをしたり、婚活をしたりしてみたのですが、結局うまくいかずに、現在に至るという感じです。

その日も、仕事を終えて、誰もいない家に帰ってきたのですが、木枯らしが枯れ葉を舞い上がらせているなか、門の前に女性がたたずんでいたんです。こんな時間に誰だろう？　訝《いぶか》しみながら近づくと、それは十五年前に結婚して、駆け落ち同然に家を出ていった二歳上の姉でした。

「……お姉ちゃん？」

私が声をかけると、姉は強い風で乱れた髪を手で押さえながら振り返りました。そして、ぽつりと言うんです。

「ただいま……」

私はなにもこたえずに、姉の横をすり抜けて玄関を開けて家の中に入りました。だけどドアは閉めませんでした。それは、姉を受け入れたということです。

その開いているドアから姉が勝手に中に入り、家の中を見回して、「全然変わってないのね。出ていったときのままだわ」と、うれしそうに言うんです。

それでも私は、なにもこたえませんでした。

「おでんを買ってきたの。もう冷めちゃったから、レンジでチンして食べましょ。ここ最近、急に寒くなってきたわね。凍えそうになっちゃったわ……」

台所で勝手におでんを温めると、姉は座卓の上に私のぶんを取り分けて置き、問わず語りでいろんなことを話しました。

それによると、家を出たあとの姉はずいぶん苦労したようでした。

結婚した相手は浮気を繰り返し、仕事も続かず、そのくせ浪費癖があってあちこちから借金を重ね、何度も夜逃げを繰り返していて、姉はそういう暮らしに耐えかねて離婚して戻ってきたということです。

　そうなることは最初からわかっていたから、両親も私も結婚には大反対だったんです。それを押し切るかたちで結婚したため、ずっと姉とは絶縁状態でした。

　あんな男のことを好きだという姉に私は幻滅し、どうしても許せない気持ちになっていました。

　姉もほんとうなら帰ってきたくはなかったと思いますが、お金も住む場所もなく、頼る相手もいないために、仕方なく実家に戻ってきたようです。

「お父さんたちは、出かけているの？」

　姉は両親が亡くなったことも知りませんでした。ずっと連絡をとっていなかったのだから当然です。

「ふたりとも事故で亡くなったよ。もう六年前にね……」

　そう伝えると、姉はとても驚いた様子でした。

「父さんたちの寝室に仏壇があるから、挨拶してやってよ」

　姉は奥にある両親の部屋へ早足で移動すると、仏壇の前に座り、線香を立て鐘を鳴らし、飾られた両親に遺影に向かって深々と合掌するのでした。

「ここにいたけりゃ、いればいいさ……」

姉の背中にそう言って、結局おでんには手をつけずに、私は自分の部屋へと引っ込んでしまったのでした。

その日から、姉との同居生活が始まりました。でも、やはりわだかまりはありますから、私と姉はほとんど言葉を交わすことなく、家庭内別居のようなかたちで生活していました。しかし、私は姉のことが嫌いではありませんでした。それどころか、女性として愛しているといってもいいほどでした。

実は私はシスコンで、子どものころから姉のことが大好きでした。しかもそれは性的な意味でです。思春期になってからは、オナニーのおかずはいつも姉でした。姉が結婚するとき、あんなに反対したのも、ほんとうは姉が大好きだったからです。

私の婚活がうまくいかなかったのも、姉への思いがあったからなんです。どんな美人を見ても、姉と比べて、やっぱり姉のほうが魅力的だと思ってしまうんです。

自分に気持ちが向かっていないことは女性ならわかるのでしょう。いつも「ほかに好きな人がいるんですね」と言われて、ふられてしまうんです。

そんな姉への思いは、十五年たったいまも変わっていませんでした。それどころか、年齢を重ね、いろいろと苦労した姉は、以前よりもずっと魅力的になっていたんです。

だから、家の中で姉の残り香をかいだり、干してある下着などを見ると、私はどうしようもなく興奮してしまうのでした。

そしてある休日、姉と家に二人でいるのに耐えきれずに散歩に出たとき、裏山ですごく大きな松ぼっくりを見つけました。そのとき、昔のことを思い出したんです。

小学生のころでした。それまでに見たこともないぐらい大きな松ぼっくりを見つけたので拾って帰り、なにげなく姉にプレゼントしたら、なぜだかすごくよろこんでくれて、姉が私を抱き締めてくれたんです。

そのことを思い出した私は、松ぼっくりを拾って帰り、姉の前に置きました。

「これ、プレゼント。ここはお姉ちゃんの家だから、いつまでもいていいよ」

すると姉がぼろぼろ涙をこぼして、私を抱き締めてくれました。

「あんたの気持ちはすごくうれしいわ。私のことを思ってくれるのは、あんただけよ。いままでじらしてごめんね……好きにしていいのよ」

「なんのことだよ?」

「知ってたのよ。昔、あんたが私の下着を見ながらオナニーしたり、お風呂場を覗いたりしていたのを。あのころは正直言って、ちょっと気持ち悪いと思ったけど、いろんな経験をしたいま、はっきりと思うの。自分のことをいちばん愛してくれている人に、自分の体を捧げたいって」

　姉は私の気持ちに気づいていたのです。もうごまかすことはできません。いえ、姉がそんな私の思いを受け入れてくれるというのですから、よろこんでカミングアウトするべきなのです。

「お姉ちゃんのことが、ずっと好きだったんだ！」

　私は姉を抱き締めてキスをしました。すると姉も私をきつく抱き締めて、強く唇を押しつけてきて、さらには私の口の中に舌を入れてきました。

　私ももう四十歳です。ほとんどが商売女相手でしたが、それなりに経験はあります。だから姉に負けるものかと、自分のほうからも舌を絡めていきました。ピチャピチャと唾液が鳴り、二人の鼻息が荒くなっていきます。

　そうやってディープキスを交わしながら、私は姉の体をまさぐりました。最初は背中をなで回し、その手をお尻へと移動させ、太腿をさわり、そして今度は胸、最後に股間へと手を移動させました。

「あっ、はあぁ……」

　スカートをたくし上げて、パンティの上から股間の割れ目をなぞるように指を動かすと、姉はもうキスをしている余裕などないといったふうに、喘ぎ声を洩らして体をくねらせました。

「感じてるんだね？　もう湿ってるよ」

「いや……そんなこと言わないで」

「いいじゃないか。お姉ちゃんのすべてを知りたいんだ。ねえ、脱がしてもいい？」

「……うん、いいよ」

姉の許しを得た私は、姉のセーターとスカート、そしてブラジャーとパンティを脱がしました。

「やっぱり恥ずかしいわ。こんな明るい場所でなんて」

全裸になった姉は、右腕で乳房を、左手で股間を隠しながら言います。でも、そんなのはかたちだけの抵抗で、もっと強引に来てもらいたいというのが丸わかりです。

「じゃあ、俺も脱ぐよ。そしたら恥ずかしくないだろ？」

私は大急ぎで服をすべて脱ぎ捨てました。

「はあぁ……進ちゃん、すごいわ」

股間に隆々とそそり立つペニスを見て、姉は溜め息のような声で言いました。

「さあ、今度はお姉ちゃんの番だよ」

「わかってるわよ。あぁ、恥ずかしい……」

そんなことを言いながらも、姉は乳房と股間を隠していた手をどけてくれました。少し垂れ気味の大きな乳房と、鬱蒼《うっそう》と茂った陰毛。それに下っ腹の贅肉がなまなましくて、すごく卑猥なんです。

そんなものを明るい照明の下で見た私のペニスは、ビクンと大きく亀頭をふるわせました。それを見た姉は、恥ずかしそうにしていた顔に妖艶な笑みを浮かべました。

「まあ、それって催促してるんじゃないの？」

そう言うと私の前に跪き、股間に手を伸ばしてきました。そして、ひんやりと冷たい手が、ペニスをギュッとつかんだんです。

「ううっ……」

「あぁ、すごく硬いわ。はあぁぁ……」

そう言いながら姉は、とても愛おしそうにペニスをしごきはじめました。離婚するぐらいなので、夫婦仲ももう冷めきっていて、こうやってペニスを握りしめるのも久しぶりのことなのでしょう。

それなら、もっと姉にエッチなことを楽しんでもらいたくなりました。

「お姉ちゃん、しゃぶってくれよ。お姉ちゃんの口で俺を気持ちよくしてくれ」

「はあぁぁ……いいわ。いっぱいしゃぶってあげる」

姉はペニスを咥えると、温かな口の中の粘膜でぬるぬると締めつけながら首を前後に動かしはじめました。

ペニスが好きで好きでたまらないといったそのしゃぶり方は、私を猛烈に興奮させました。力がみなぎりすぎて、ペニスがピクピクと細かく震えてしまうんです。

その反応を口の中で感じたのでしょう、姉はいったんペニスを口から出すと、亀頭に軽く唇をふれさせたまま私に言うんです。

「進ちゃん、気持ちいいのね？　それならもっと気持ちよくしてあげるわ」

姉は上目づかいに私を見上げながら、ぺろりぺろりと裏筋を舐めはじめました。さすがに元人妻だけあって、男がよろこぶフェラチオの仕方を知っているようです。

「うう……お姉ちゃん……その舐め方、すごくエロいよ。ああう……」

舐められる快感もさることながら、最愛の姉がおいしそうに自分のペニスを舐めてくれている様子に、私は興奮してしまうのです。

そんな私の反応に気をよくしたのか、姉は今度はカリクビのところを舌先でくすぐるように舐めたり、亀頭の鈴口をほじくるように舐めたり、いろんな舐め方で私を気持ちよくしてくれるのでした。

「お姉ちゃん、うう……たまらないよ」

「あぁぁぁん、私もよ。ああ、すっごく興奮しちゃう」

姉はまた先端からパクッと口に咥えると、唾液を鳴らしながら首を前後に動かしはじめました。じっくり舐められたあとのその激しいフェラチオは強烈で、すぐに私の下腹部がムズムズしはじめました。

「あっ、ダメだよ、お姉ちゃん。うう……そんなにされたら俺、もう……」

私が苦しげな声で言っても、姉はやめようとはしません。それどころか、ペニスをしゃぶりながら、睾丸を指でもてあそぶんです。そんなことをされたのは初めての経験だったので、私はあっさりと限界を超えてしまいました。

「だっ……ダメだよ、お姉ちゃん、んんんっ……ああ、もう……もう出る！」

その瞬間、ペニスがビクンと脈動し、精液が姉の喉奥目がけてほとばしりました。

「はぐっ……うぐぐぐ……」

ギュッと目を閉じて、苦しげにうめきながらも、姉は私の射精をすべて口の中に受け止めてくれました。そして、脈動が収まると、ゆっくりと体を引き、私を見上げながらゴクンと喉を鳴らして、すべて飲み干してくれたのでした。

「お姉ちゃん!?」

「かわいい弟の精液だもの、むだにはしたくないからね。でも、少し苦かったわ」

そう言って、顔をしかめてみせる姉はとてもかわいくて、すごく愛おしいんです。

「ありがとう、お姉ちゃん。今度は俺がお姉ちゃんを気持ちよくする番だ」

私は姉をお姫様だっこで抱え上げ、自分の部屋のベッドまで運びました。そして、ベッドの上にいっしょにダイブするようにして、姉の体にむさぼりついたんです。

「あああん、進ちゃん、乱暴ね。はあぁん……ダメよ、優しくしてぇ」

そう言いながらも、姉は体をのたうたせて、感じまくっています。私はそんな姉の首筋から鎖骨、乳房、ヘソ、と舐め回していき、最後に股間に到着しました。

「あっ、そこはダメ……恥ずかしいわ」

姉はあわてて股を閉じてしまいました。

「いまさら、なにを言ってんだよ。ほら、力を抜いて」

私は姉の両膝裏に手を添えて、そのままグイッと押しつけました。M字開脚ポーズの出来上がりです。姉の陰部が目に飛び込んできて、いったいなにを恥ずかしがっているのか理解しました。そこはもう、すごいことになっていたんです。

「お姉ちゃんのオマ○コ、グショグショになってるじゃないか」

「あぁん、恥ずかしい。だって、進ちゃんの精液を飲んで興奮しちゃったんだもの」

姉は両手で顔を隠してしまいました。だけど、とろとろの陰部は剝き出しのままです。それは、そこを舐めて気持ちよくしてほしいという思いからでしょう。

「お姉ちゃん、自分で開いてみせてくれないか」

「えっ？　いやよ、そんなの」

「いいじゃないか。頼むよ」

姉の両膝を押しつけたまま私は頼みました。少し間があってから、姉はわがままな弟の願いを聞き入れてくれました。

「……んもう、仕方ないわね。あんたは昔から、末っ子気質だったものね」

あきれたように言いながら、姉は外側から手を回して、肉丘に指を添え、そのまま力を込めました。ピチュッという音とともに肉びらが剝がれ、その奥が剝き出しになりました。膣口はもちろん、尿道口もはっきりとわかります。それらが透明な粘液にまみれてヌラヌラ光っているんです。

「あああ、お姉ちゃんのオマ〇コ、すごくきれいだよ」

私は溜め息のような声で言いました。そして私は、姉の陰部に食らいついていきました。割れ目の内側をベロベロと舐め回し、膣の中に舌をねじ込んで奥まで舐め、さらには、すでに硬くとがっているクリトリスをペロンと舐めてあげました。

「あっ、はあああん！」

さすがにクリトリスの快感は強烈らしく、もう陰部を開いている余裕もなくなり、ベッドの上で体をのたうたせました。姉のそんな姿をもっと見たくて、私はクリトリスをチュパチュパしゃぶってあげました。

「ああっ、ダメ……そ……それ、気持ちいいぃ……あんっ……あっ、はあああん！」

クリトリスをしゃぶられるのは強烈な快感なのでしょう。姉は狂ったように悶えつづけます。それなら、もっと気持ちよくしてやりたい。大人になった自分のテクを見せつけたいと思い、私はクリトリスを吸いながら、膣の中に指をねじ込みました。

「あっ、いや、ダメ……あああっ……やめて、やめて……ああん、それはダメ……」

相当気持ちよかったのでしょう、姉があわてた様子で言いました。でも、もちろん私はやめません。それどころか、クリトリスを軽く前歯で噛みながら、指先を少し曲げて、膣壁のざらざらした部分をこするように動かしてあげたんです。

「あっ、ダメ……もう、イキそう。いや……なんか出ちゃう。あああああっ……」

そう言った瞬間、姉の陰部が潮を吹きました。

「すごく感度がいいんだね。まさか潮を吹くとは思わなかったよ」

私が冷やかすように言うと、姉はぐったりしたまま、うるんだ瞳を向けてきました。

「こんなになったのは初めてよ。進ちゃんがじょうずだからだわ。今度はそれで、私を楽しませてくれない？」

姉は私の股間に視線を向けました。それはさっき姉の口の中に大量に精液を放ったばかりだというのに、射精前と同じか、それ以上に硬く大きくなっていたんです。

もちろん、私に異存はありません。

「いいよ。いっしょに気持ちよくなろう。お姉ちゃんのオマ◯コ、指を入れた感じだとかなりの名器だからね」

私は姉の股の間に体を移動させ、下腹にピタリと張りつくほど力をみなぎらせたペニスを手で引きはがし、その先端をぬかるみに押し当てました。

「入れるよ……」

私が腰を押しつけると、ペニスはぬるぬるとぬかるみの中に埋まっていきました。

「入ってくるぅ……進ちゃんのオチ◯チンが入ってくるわぁ……」

「お姉ちゃんのオマ◯コ、温かくて、すごく気持ちいいよ。ああ、どんどん吸い込まれていくよ。あうぅ……」

「あっ、はああん……」

根元まで完全にペニスが埋まると、姉が下から私をきつく抱き締めて背中に爪を立てました。同時に膣壁が収縮して、ペニスをギュッ、ギュッと締めつけます。

「ううっ……お姉ちゃん、気持ちいいよ……うう……」

じっとしているだけでも気持ちいいのですが、自分だけではなく、姉も気持ちよくしてあげなくてはいけないのだと思い出し、私はペニスを抜き差ししはじめました。

「ああん！　いい、気持ちいい……はあぁぁんっ……進ちゃんのオチ○チンが、すごく気持ちいい……はっ、あぁぁん！」

感じている姉の顔を間近に見ながら、私は腰を振りつづけました。ずっと好きだった姉とセックスをしているのだと思うと、まるで夢の中にいるような気分でした。

感動で全身に鳥肌が立ち、私の腰の動きはさらに激しくなっていくんです。

「お姉ちゃん、気持ちいいよ……あああ、最高だよ！　ううう……」

「私も最高よ……あああん、進ちゃん、もっともっと突き上げてぇ！」

「こう……こんな感じでどう？」

私は姉の膣奥を力任せに突き上げつづけました。恐ろしく狭い膣道を、大量にわき出た愛液の力を借りてペニスを抜き差しするのは、ほんとうに気持ちよすぎでした。

このままだとすぐに限界に達してしまうと思っても、もうそんな理性は働きません。

私が本能と、姉への思いにつき動かされて腰を振りつづけていると、すぐに射精の予感が込み上げてきました。腰の動きを弱めなければ、すぐに射精してしまいそうだと思いながらも、私は力をセーブすることはできませんでした。

「お……お姉ちゃん、俺、もう……もう限界だよ……」

「私も……もうイキそうよ！　いっしょに……いっしょにイキましょ！　ああ、イク……イクイクイク……あっ、はあああん！」

姉が体をのけぞらせると、膣壁がペニスを引きちぎらんばかりに締めつけました。その狭い膣に数回抜き差しすると、私はもう我慢することはできませんでした。

「お姉ちゃん！　で、出る……もう出るよ！　あっ、ううう！」

射精の瞬間、私はペニスを引き抜きました。すると、愛液をまき散らしながら頭を跳ね上げたペニスの先端から、精液が勢いよく噴き出して、姉の体に雨のように降り注いだのでした。

お互いの気持ちをぶつけ合ったために、私と姉はすっかり打ち解け合い、いまでも二人で仲よく暮らしています。それはまるで、長年連れ添った夫婦のような感じです。

ずっと姉のことを思いながら、独身で過ごしてきてよかったと、私はしみじみ思ってしまうのでした。

就活に失敗した学生を励ます熟女大家
完熟牝孔で軟弱ペニスをしごきぬき!

上本啓治　会社員　四十七歳

あれは、いまから二十五年ほど前の話です。

当時、私は大学の四年生で卒業を間近に控えていました。

ところが夏が過ぎ、秋になっても内定が一つももらえなかったのです。ちょうど就職氷河期だったとはいえ、周りには内定が決まっている学生も多かったので、私はかなりあせっていました。

何十という会社に応募し、ようやく最終面接までたどり着いても、最後には落とされてしまうのです。

そんな私を気にかけてくれたのが、住んでいたアパートの女性の大家さんです。

美保《みほ》さんは当時四十三歳で、一人でアパートの管理をしていました。旦那さんとはずいぶん昔に離婚してしまったそうです。私の母と同世代ですが、体つきが色っぽいうえになかなかの美人です。

彼女は私が一人暮らしを始めてから、我が子のように優しく接してくれて、私たち学生にとっては、まさに母親のような頼りになる存在でした。

私が面接のためにスーツを着て出ていく姿を見ると、そのたびに「がんばってね」と明るく声をかけてくれました。

しかし郵便受けに採用の可否の通知が届くと、「どうだった?」「またダメでした」というやり取りを繰り返していました。

「いつか採用してもらえるから、諦めずにがんばって。ずっと応援してるから」

大家さんはそう励ましてくれますが、私は十月の半ばには諦めかけていました。

しかも同じ時期に、つきあっていた彼女にもフラれてしまったのです。そのフラれた原因というのも、ようやく初めてのセックスができるというときに、就職が決まらないストレスのせいか勃起しなかったからです。

あきれた彼女にも愛想を尽かされ、私は完全に腐っていました。何もかもやる気がなくなり、就職活動もせずに部屋でぐうたらと過ごす毎日でした。

すると、私が部屋でゴロゴロしていたある日のことでした。突然、大家さんが私の部屋を訪ねてきたのです。

「最近あまり見かけないから、心配になって来てみたの。就職活動はどうしたの？」

「もう諦めました。どうせ受けてもむだですから」

私が投げやりにそう言うと、大家さんはこれまでに見せたことがない厳しい顔で、私を叱責《しっせき》しはじめたのです。

「甘ったれたこと言わないで。就職が決まらないのはあなただけじゃないのよ。これぐらいで諦めちゃダメよ」

私が驚いていると、大家さんは過去にも私のような学生を何人も見てきたそうです。就職できずにブラブラして過ごし、挙げ句に大学を辞めてしまった人もいたとか。大家さんにとっては、アパートに住んでいる学生は我が子も同然です。なので、おせっかいと知りつつも、心配になり口出しをせずにはいられないと、そう訴えかけてきました。

最後には涙声になっているのを見て、私も胸が熱くなりました。そこまで私のことを気にかけていてくれたとは、思ってもいなかったのです。

しかしここまで言われても、私はウジウジとしたまま、やる気を出すことができませんでした。

「どうしたの？　もしかして何か心配事でもあるの？　人に話すことですっきりする

こともあるから、思いきって私に話してみたらどう？」

まさか就職活動ができない理由が、彼女にフラれたことにも原因があるとは、とても言い出せませんでした。

それでも、大家さんだったら慰めるぐらいはしてくれるかもと、思いきって打ち明けたのです。

「実は……というようなことがあって、それでもう何もかもいやになってたんです」

私の告白を聞いて、今度は大家さんが言葉を失っていました。まさかセックスの悩みを相談されるとは、思ってもいなかったのでしょう。

「じゃあ、その彼女とはちゃんとセックスができなくて、フラれちゃったの？」

「……はい」

情けない気分で私が返事をすると、しばらく気まずい沈黙が続きました。

私はてっきり、大家さんがあきれているのだろうと思い込んでいました。やはり言わないほうがよかったかと、内心では後悔していました。

ところが大家さんは、私の思いもよらない行動に出たのです。

「そうよね……若いんだから、そういうことで気分が落ち込むことがあっても、仕方ないのかも」

そう言うと、理解を示してくれただけでなく、私に近づいて手を添えてくれました。

私が驚いていると、大家さんはじっと私の顔を見つめていました。何かを思い詰めたような真剣な表情です。

「私でよければ、その……あなたの力になってあげてもいいのよ。きちんと、セックスがしたいのなら……」

あまりに突然の申し出だったので、しばらく私の頭の中はパニックでした。

私もそんなことを望んで相談をしたわけではありません。しかし、これを断ってしまえば、大家さんを抱けるチャンスは二度とやってこないでしょう。

「ほ……ほんとうにいいんですか？」

「そのかわりに約束して。私を抱いて納得したら、また就職活動をするって」

そんな条件で大家さんとセックスができるのなら、迷うことはありません。

私が力強く「はい」と返事をすると、大家さんは少し困ったように照れていました。

まだ心の中では、自分の決断に葛藤《かっとう》があったのかもしれません。

いったん私から離れた大家さんは、背中を向けてゆっくり服を脱ぎはじめました。

「あまりこっちを見ないでね。恥ずかしいから……」

その声や仕草が初々しくて、私はかえって興奮してしまいました。

もともと大家さんは、人一倍まじめで身持ちの固い女性です。軽々しく他人に抱かれるなんて、おそらくはこれまでなかったはずです。

それだけに、私のような若い学生の前で裸になるのも抵抗があったのでしょう。

何度も手を止めそうになりながら、ようやく下着姿になり、それもすべて脱いでしまいました。

全裸になった大家さんは、おずおずと私を振り返りました。

「ごめんなさいね……もうおばさんだから、こんな体で」

そう言いながら、恥ずかしそうに裸をさらけ出しています。

私には、その体がとてつもなく魅力的でそそられました。多少、肌にたるみがあったりお腹の肉が余っていても、まったく問題ありません。

胸は大きめで、乳首もかなりのサイズでした。私の指先よりも大きいぐらいです。

そして最も目を引いたのが、股間に広がる濃い陰毛です。

私がジロジロとそこばかり見ていたからか、大家さんはサッと手で隠してしまいました。

「見ないで……むだ毛の処理、してないの」

よく見れば、腋の下からも毛がはみ出ています。だらしないと思うよりも、ふだん隠しているものが見えているせいで、妙に色っぽく感じました。

私もすぐに服を脱ぎ、大家さんと裸で向き合いました。

股間ではすでにペニスがギンギンに勃起しています。私がそれを見せつけると、大家さんは少し驚いたように目を向けてきました。

「こんなに元気なのに、ちゃんとセックスできなかったの?」

「はい……ちょっと緊張しすぎたみたいで」

彼女の前では勃起できなかったのが嘘のようでした。それほど、大家さんの裸で興奮していたのです。

すると、私のペニスをじっくりと観察していた大家さんが、おもむろに目の前にしゃがみ込みました。

「ちょっと、さわってみてもいい?」

そう言うと、ペニスを手で包み込んでしごきはじめたのです。

さっきまで恥ずかしそうにしていたのに、意外に大胆です。若いペニスに惹かれてしまったのか、すっかり目を輝かせて手を動かしています。

「ああ、気持ちいいです……」

ゆっくりとしなやかな手つきに、快感が駆け上がってきました。

それだけではありません。大家さんは手を動かしながら、次第に顔をペニスの先に近づけてきました。

「えっ！」

驚いたことに、今度は私に何も言わずに、ペニスを口に含んでしまったのです。

大家さんは唇を深く沈めると、軽く顔を揺すりはじめました。クイクイと口のなかでしごかれるたびに、体が溶けてしまいそうな快感が広がります。

ずっとお世話になってきた大家さんにフェラチオをしてもらえるなんて、夢のようでした。

私にとっては母親のようであり、常に励ましてくれた女性です。その優しくまじめな大家さんの、こんな一面を見れるとは思ってもいませんでした。

しばらくフェラチオを続けていた大家さんは、口の動きを止めて私を見上げてきました。

「こうしてあげたほうが気持ちいいかな、と思ったんだけど……もっと、続けたほうがいい？」

どこか遠慮がちな質問に、私は「はい、お願いします」と即答しました。

今度は、咥えた唇の動きがさらにいやらしくなりました。上下に揺れる幅が大きくなり、舌も激しく絡みついてきます。

私にはそれが、ただ私を気持ちよくさせようとしているだけの動きとは思えませんでした。大家さんもいっしょになって興奮しているのが伝わってくるからです。

このままだと、私は大家さんの口の中で限界に達してしまいそうです。

そう思っている最中にも、快感はどんどん押し寄せてきます。いくらこらえようとしても、あまり長い時間は持ちそうにありません。

すると、ちょうどいいタイミングで、大家さんがフェラチオを止めてくれたのです。唇がペニスから離れて私はホッとしました。咥えてもらっている間は常に気を引き締めたまま、まったく余裕がありませんでした。

このとき私は、ようやく布団も敷いていないことに気がつきました。急いで押し入れから布団を出し、セックスまでの準備をととのえます。

「だいじょうぶかな？　私も久しぶりだから緊張しちゃって……」

布団に横になった大家さんは、まるで初体験を迎える女性のように、ソワソワと落ち着きをなくしていました。

ただ、セックスを期待しているのはまちがいありません。体はいつでも受け入れられるように、おとなしく私が来るのを待ち構えています。

私もすぐにでも挿入したかったのですが、その前に私がしてもらったように、大家さんにも気持ちよくなってもらうことにしました。

「あっ……」

まずは体の上に重なって軽く胸にキスをすると、それだけで大家さんは小さな喘ぎ声を出しました。

よく見れば、大きめの乳首は硬くとがっていました。服を脱いだときからすでにその状態だったのです。

私がコリコリした乳首を刺激していると、大家さんはしきりに息を弾ませ、腰をもじつかせています。

もしかして、私のためにわざと感じているフリをしているのでは……そう思いましたが違いました。乳首を吸っていた私が顔を上げると、すっかり大家さんは表情をとろけさせていました。

さらに強く乳首を吸い上げてみると、大家さんの「ああっ」という声が聞こえ、ますます呼吸が荒くなりました。

「いやだ、こんなに感じるなんて……体がすごく熱くなってるの」

大家さんの言うとおり、暑い季節でもないのに、肌からは甘ずっぱい汗の匂いがしてきました。

それほど興奮させているのだと思うと、ますます愛撫にも力が入ります。

私は右手を大家さんの股間に伸ばしました。濃い陰毛をかき分けると、下にはやわらかな肉の谷間があります。

「んっ、ああっ……あんっ」

指でさわっている場所には、大きく広がったビラビラがありました。その奥をいじるたびに、大家さんは何度も喘ぎ声を出していました。

いやらしく布団の上で悶えている姿は、ふだんの大家さんからは想像がつきません。しかも人一倍感じやすく、どんな指の動きにも反応をしてくれます。

グリグリと豆粒を押し潰したり、手のひら全体で股間をこすったりと、私はあらゆることを試しました。

ついでに唇にキスをすると、向こうから積極的に舌を入れてきます。

「あんっ、ンンッ……」

まるで、そうされるのを待っていたかのようでした。喘ぎながら激しく呼吸をし、手でしっかりと私の体を抱き締めています。

もう私も年の差を忘れ、大家さんの唇を夢中になってむさぼりました。私のすることはすべて受け止めてくれるので、何をしてもいいような気分になっていました。

「腋、見せてもらってもいいですか？」

私がお願いをすると、大家さんはとまどいながらも両手を持ち上げてくれました。

「腋毛が伸びたままになってるから、恥ずかしいのに……」

そう恥ずかしがっているのも無視して、私は腋の下にもむしゃぶりつきました。

香ばしい匂いと腋毛に包まれ、息が詰まってしまいそうです。もちろん不快な匂いではなく、熟女のフェロモンにうっとりしました。

すでに大家さんのあそこは、指の愛撫でぐっしょりと濡れていました。

もうこのまま挿入をしても問題はないはずです。ただその前に、もう一つお願いをしてみました。

「お願いします！　抱かせてもらったら、きちんと就職活動しますから、今日だけはたっぷりセックスをさせてください」

せっかく大家さんを抱けるのに、一回きりで終わらせるのはもったいないと思ったのです。

さすがに図々しいと思われても仕方ありません。しかし大家さんは、あっさりと私の頼みを聞き入れてくれました。

「わかったわ……それでやる気になるなら、好きなだけ抱いてちょうだい」

それを聞いた私は、もう大喜びでした。

さっそく大家さんの体にのしかかり、挿入の準備を始めます。すでに限界まで勃起したペニスをあそこにあてがい、ゆっくりと腰を進めました。

「あはぁんっ！」

その瞬間に、大家さんの声がひときわ大きくなりました。

「やった！　入っている……」

私もペニスを吸い込まれ、すばらしい快感と、そして感動を味わっていました。ぬるぬるした感触の奥には、深くてやわらかな穴が続いてます。

最初につながってから、私は興奮であっさり発射してしまわないよう、いったん腰の動きを止めました。

しかし、じっとしているだけでも、勝手に膣のうねりがペニスを締めつけてきます。まちがいなく、大家さんのあそこは抜群の名器でした。

「お願い、早く……」

今度は、大家さんから腰の動きをせがんできます。

こうなれば早く終わってもいいと開き直って、私はピストン運動を始めました。

「ああっ、すごいっ！　あっ、ああんっ！」

ペニスを突き入れるたびに、大家さんの口からは喘ぎ声が出てきます。

長い一人暮らしで、相当に体も男に飢えていたのでしょう。まるで、私のことを恋人と思っているかのような乱れっぷりでした。

私にとっては、大家さんを悦ばせることが精いっぱいの恩返しでした。

そう思い、必死になって腰を振りつづけます。ただひたすら休むことなく動きつづけました。

そのかいあって、ますます大家さんのよがり具合も激しくなりました。我を忘れたように「いいっ、もっと！」と、せがんでくるのです。

その一方で、私の快感もどんどん高まっていきました。いくら我慢をしても、私の忍耐力では限界があります。

なんとか男の意地を見せようとしましたが、もう無理だと思うと、私はあっさり降参をしました。

「すいません！　もう出ちゃいそうです……」

ギリギリのタイミングで言うと、大家さんは下から優しい声で私にこう言ってくれました。

「いいのよ、我慢なんかしなくても……ちゃんと私を悦ばせてくれたんだから、いつでも出してちょうだい！」

まだペニスを抜いてもいないのに、射精を許してくれたのです。

私は腰を引きかけましたが、寸前で中断しました。逆にペニスをさらに奥まで突き入れました。

「あああんっ！」

最後の一突きで、大家さんはのけぞってしまうほど、強烈な刺激を受けたようです。

そのまま私は、こらえにこらえたものを、たっぷりと膣内に発射しました。

目もくらむような快感に、私はつい力を入れて大家さんを抱き締めてしまいました。

少し苦しかったとは思いますが、大家さんも私の背中に手を回し、子どもをあやすように頭をなでてくれました。


結局、その日は合計で三回もしてしまいました。さすがに私も疲れ果て、大家さんは布団の上で身動きもせずにぐったりしていました。

もちろん約束は守り、あらためて就職活動を始めた私は、いくつもの企業を駆けずり回りました。

そしてようやく、年明けになって就職先が決まったのです。小さな印刷会社でしたが、面接で私の熱意が通じて採用してもらえました。

その知らせを聞いて、誰よりも喜んでくれたのが大家さんです。

私の苦労を知っているだけに、涙を流して「よかったね……おめでとう」と言ってくれました。その顔を見て、私までもらい泣きしてしまいました。

あれから二十五年が過ぎ、いまでは私も家庭を持つ二児の父です。途中でいくつか転職も経験し、現在は自動車の販売店に勤めています。

最後まで私の面倒を見てくれた大家さんには、感謝の気持ちしかありません。感動のセックスを含め、私にとっては人生で一番お世話になった女性でした。

◉新人作品**大募集**◉

マドンナメイト編集部では、意欲あふれる新人作品を常時募集しております。採用された作品は、本人通知のうえ当文庫より出版されることになります。

【応募要項】未発表作品に限る。四〇〇字詰原稿用紙換算で三〇〇枚以上四〇〇枚以内。必ず梗概をお書き添えのうえ、名前・住所・電話番号を明記してお送り下さい。なお、採否にかかわらず原稿は返却いたしません。また、電話でのお問い合せはご遠慮下さい。

【送付先】〒一〇一－八四〇五 東京都千代田区神田三崎町二－一八－一一 マドンナ社編集部 新人作品募集係

素人告白《しろうとこくはく》スペシャル《すぺしゃる》 感動《かんどう》！ 秋《あき》の熟女体験《じゅくじょたいけん》

二〇二一年十二月十日 初版発行

編者◉素人投稿編集部【しろうとうこうへんしゅうぶ】

発行◉マドンナ社
発売◉二見書房
東京都千代田区神田三崎町二－一八－一一
電話 〇三－三五一五－二三一一（代表）
郵便振替 〇〇一七〇－四－二六三九

印刷◉株式会社堀内印刷所 製本◉株式会社村上製本所

ISBN978-4-576-21184-8 ◉Printed in Japan

Madonna Mate